熊倉正修
Masanaga Kumakura

日本のマクロ経済政策

——未熟な民主政治の帰結

岩波新書
1780

目　次

序　章　漂流する日本のマクロ経済政策 …… 1

第1章　通貨政策1――日本はなぜ為替介入から卒業できないのか …… 11

1　外国為替市場介入と為替レート
2　日本の為替介入とその問題点
3　歯止めのない為替介入の弊害
4　諸外国の為替介入

第2章　通貨政策2――投資ファンド化が進む外国為替資金特別会計 …… 55

1　外国為替資金特別会計のしくみ
2　特別会計改革と外為特会の現状

3　投資ファンド化が進む外国為替資金
4　諸外国の外貨準備の管理体制

第3章　金融政策――デフレ対策という名の財政ファイナンス……95
1　日本は本当にデフレだったのか
2　物価はなぜ安定していたのか
3　金融政策と財政政策の関係
4　中央銀行を守るのは誰か

第4章　財政政策――「経済成長なくして財政再建なし」？……145
1　政府の経済成長目標は現実的か
2　高齢化は財政危機の主因ではない
3　政府の財政健全化目標の変化
4　国民を欺く政府

目　次

第5章　マクロ経済政策と民主主義 …… 183
――日本が生まれ変わることは可能か
1　既定路線の政策の先に何があるか
2　持続的なマクロ経済政策の要件
3　なぜ日本では民主政治が機能しないのか
4　日本は変わることができるか

あとがき
参考文献

序章　漂流する日本のマクロ経済政策

アベノミクスと日本経済

自由民主党は二〇一二年末の衆議院選挙に圧勝し、約三年ぶりに政権党に復帰した。その後すぐに第二次安倍晋三内閣が発足し、本書の執筆時点で政府は第四次安倍内閣の下にある。

安倍内閣は二〇一三年六月に公表した『日本再興戦略――JAPAN is BACK』において、「今後一〇年間の平均で名目GDP成長率三％程度、実質GDP成長率二％程度の成長を実現」し、「二〇一〇年代後半には、より高い成長の実現を目指す」と宣言した。また、同年三月には、日本銀行の政策委員数名が安倍内閣の意向を受けた人物に交代し、年率二％の物価上昇率を二年程度の間に実現するという目標が掲げられた。

これらの目標を達成するために政府が推進してきたのが、アベノミクスと呼ばれる一連の経済政策である。当初のアベノミクスは、①大胆な金融政策、②機動的な財政政策、③民間投資を喚起する成長政策の「三本の矢」から構成されていた。その一翼を担うことになったのが、インフレ目標が達成されるまで日銀が無制限に国債などの金融資産を買い入れるという「量的・質的金融緩和（通称「異次元緩和」）」である。

しかしアベノミクス開始から六年が経過したにもかかわらず、政府と日銀が描いたシナリオは実現していない。二〇一三年から二〇一七年にかけての五年間の実質経済成長率は年率換算で一・三％弱であり、リーマン・ショック後の大不況の時期を別とすると、それ以前の一〇年間とあまり変わっていない。*また、二〇一四年の消費税率引き上げの影響を考慮すると、その間の消費者物価指数の上昇率も〇・四％程度にとどまり、日銀の目標とは程遠い状況が続いている。

＊　ただし筆者はこの経済成長率はむしろ高すぎると考えている。第四章参照。

それでも安倍内閣に対する国民の評価は悪くない。世論調査における内閣支持率は四〇％程度で比較的安定しているし、*財界関係者の間では今日でもアベノミクスを高く評価する声が少なくない。これはなぜだろうか。

＊　たとえばＮＨＫ放送文化研究所「政治意識月例調査」など。

その第一の理由は、失業率が劇的に下がったことだろう。今日の日本は過去に経験がないほどの人手不足である。企業にとって人材難は悩みの種だが、どのような仕事にも就く意思があるのに就職できないという人はほとんどいなくなった。

第二の理由は、安倍政権発足と前後して円安が進んだことである。日本では円安が株高や企業の設備投資に直結しやすく、それらが相まって景気を押し上げる効果を持つ。輸出企業の影響力が強い経済団体連合会（経団連）などの財界団体がアベノミクスを歓迎したのは当然である。為替レートはさまざまな要因によって変化するが、日銀の異次元緩和が円安に寄与したことは間違いない。

第三の理由は、政府の経済運営に安定感があることだろう。日本人は安定を好み、リスクや不確実性が大嫌いである。リーマン・ショック後の大不況の中で政権の座に就いた旧民主党の経済運営は混乱したが、安倍内閣はあらゆる手を尽くして景気対策に邁進している。

二〇二〇年まではオリンピック特需があり、二〇二五年には大阪万博の開催も決まった。人手不足の中で政府と日銀が総力を挙げて景気浮揚を続ければ、いずれ日本経済が活力を取り戻し、経済成長率もインフレ率も政府と日銀の目標に近づいてゆく、そのように考えている人が多いのではないだろうか。

小康状態の影で深刻化する日本の経済政策の病理

しかし筆者はそうした考えに与する気にはなれない。アベノミクスが表面的に大胆に見えるのは、日本の経済政策においてもともと希薄だった客観的・長期的な視点が放棄され、目先の景気浮揚に役立ちそうなことなら何でもやるという姿勢が鮮明になったからだ。その意味で、アベノミクスは新しい政策ではなく、むしろ従来の日本の経済政策の問題点を凝縮したものになっている。

筆者の言う「従来の日本の経済政策の問題点」とは、「客観的な分析を軽視し、主観や世論をもとに場当たり的に政策を運営すること」、「目先の政治的軋轢が少なければ、のちに問題を惹き起こす可能性が高い政策であっても実施してしまうこと(あるいは、のちに問題が生じることが予想されても、その対応が政治的軋轢を伴う場合、どこまでも先延ばししようとすること)」、「それを疑問視したり批判したりする声が上がっても、真摯に応えようとせず、情報を歪曲したり隠避したりするなどして、既存の政策を続けようとすること」などである。どの国においてもこうした傾向は見られるが、本書において解説するように、日本ではそれがあらゆる経済政策に蔓延している。

日本の経済政策の病理の典型が累積する政府債務である。安倍内閣の発足時点で約八一二兆円だった国債の発行残高は、その後六年間に一六〇兆円以上増加している。戦時中でもない平時において政府がこうした巨額の債務を積み上げて平然としている国はめずらしいが、安倍内閣は財政再建を先送りして拡大財政政策を続けている。

政治家はしばしば「日本の国債は国民が国民に借金しているだけだから問題ない」とか、「日銀がどれだけ国債を買っても広義の政府内の取引だから問題でない」などと主張するが、こうした意見はすべて誤りである。政府が放漫財政を続けて持続性が疑われるようになると、金融政策を初めとする他のあらゆる政策も歪められてゆく。今日の日本はまさにそうした状況にあり、見かけの小康状態とは裏腹に、末期症状と言ってもよい状況になりつつある。

日本の経済政策の質が低いことの直接的な原因は、政府や官僚、中央銀行に対して責任ある政策運営を求めるしくみが欠如していることである。たとえば、日本では諸外国に比べて極端に財政状況が悪いにもかかわらず、政府が経済や財政の長期見通しを示すことを義務付けられていない。また、政策の実施状況に関する情報公開にも不十分で恣意的な点が少なくない。このような環境において政治家や官僚が機会主義的行動に走るのは当然である。

しかし合理的で持続性のある経済政策が行われるようにするためには、法律や制度を整備するだけでなく、国民が政策の運営状況を絶えず監視し、そうした法律や制度に実効性を持たせることが不可欠である。たとえば、現行の日本銀行法は日銀に対して一定の独立性を保証しているが、政府が自分たちの望む人物を幹部に送り込み、法律上の独立性を骨抜きにしてしまうことは難しくない。

日本政府が高齢の有権者の反発を恐れて社会保障制度の改革を先送りしていることから、最近、高齢化が進む国では民主政治と健全な財政管理が両立しえないと主張する人が増えている。しかし今日の日本において持続性のない政策が行われている根本的な原因は「シルバー民主主義」ではなく、国民がそうした政策を許していることにある。その意味で、日本の財政危機は民主主義の行きすぎによるものではなく、むしろ日本の民主政治の未熟さを示すものである。

本書の構成

本書の目的は、近年の日本のマクロ経済政策を鳥瞰し、そのどこに問題があり、どのようにしたらそれらを克服できるかを考えることである。経済政策にはマクロ経済政策（一国の経済全体に影響を与えるための政策)とミクロ経済政策(個別の企業や産業にかかわる政策や、国民間の再分配のための政策)があるが、両者の境界は現実には曖昧である。それにもかかわらず本書の対象をあえてマクロ経済政策に限定したのは、紙幅が限られていることに加え、日本の場合、ミクロ経済政策に比べて政治的な歪みを受けにくいはずのマクロ経済政策においてすら、明らかに合理性を欠いたことが多数行われてきたからである。

ここで、本書の見取り図を示しておこう。

第一章と第二章では、日本の為替政策を論じる。本来、為替政策はマクロ経済政策の中で脇役にすぎないが、為替レートの変動が景気に直結しやすい日本においては、あらゆる経済政策が為替政策の側面を持っている。日本では「円安は善、円高は悪」だと考える人が多いが、こうした考えは近視眼的であり、それを克服することなしに日本のマクロ経済政策の正常化は望めない。

第一章のテーマは日本政府の外国為替市場介入である。政府が為替相場の安定のために介入を行うこと自体は誤りでないが、日本では過去二〇年の間、円安誘導を目的とした円売り・外貨買い介入だけが行われてきた。その結果、日本経済は円安という杖を突いていないと立っていられない老人のようになってしまった。過去二〇年間に他の多くの先進諸国が為替介入から実質的に「卒業」したのに対し、日本政府の為替政策は前近代的な状態にとどまっている。

続く第二章では、政府の外貨準備の管理について論じる。過去の円売り・外貨(ドル)買い一本槍の為替介入の結果として、中央政府の外国為替資金特別会計(外為特会)には百数兆円の公的外貨準備が累積している。ところが日本政府はこれらの外貨資産に関して他の先進国のようなリスク管理や情報公開を義務付けられておらず、いつの間にか外貨準備が投資ファンドのようになってしまった。また、外為特会自体がいつの間にか政府の一般会計の歳入不足を補塡するための子会社のようになってしまい、実質的に放漫財政を助長している。

第三章では、日本の金融政策の問題点を異次元緩和と関連付けながら論じる。異次元緩和の公式の目的はデフレ脱却だが、近年の日本のデフレは統計上の現象に近く、少なくとも特殊な金融政策が正当化されるような状況にはなかったと言ってよい。しかも日銀がインフレ促進に努める一方、政府はそれと真っ向から対立する政策を取り続けている。これでは見るべき効果が表れないのは当然である。

しかし異次元緩和のもっとも重要な問題は、それが財政ファイナンス以外の何物でもないことである。異次元緩和は形式上は日銀が独自の判断で始めたことになっているが、実質的には累積債務の重圧に喘ぐ政府が仕掛けた政策だと考えてよい。財政が持続性を失っている国において、中央銀行がいったん買い入れた国債を短期間のうちに処分することは不可能である。したがって異次元緩和はもともと出口のない政策であり、最終的にその帳尻合わせを強いられるのは私たち国民である。

第四章では、マクロ経済の本丸である財政政策に焦点を当てる。安倍内閣は「経済再生なくして財政再建なし」のスローガンの下、財政再建を先送りして景気浮揚に邁進している。しかし財政が再建されるか否かを決めるのは経済成長率ではなく政府の責任感である。今日の日本政府にはそうした責任感が決定的に欠如しており、しかも都合の悪い事実から国民の眼を逸らそうとしている。日本の財政事情はすでに絶望的なほど悪化しているが、それは日本経済の停滞や高齢化によるものではなく、日本の民主主義が未熟なためである。

第五章では、第四章までの分析を踏まえ、日本において先進国の名に相応しいマクロ経済政策が行われるために何が必要かを考える。そのためには政治家や官僚に対して持続的で合理的な政策運営を促すしくみが必要であり、その核となるべきは数十年単位の財政計画と、それを客観的な立場から評価する独立機関である。

しかし上述のとおり、そうした制度は、国民がそれを積極的に守る意思を示さない限り、政治家や官僚の機会主義によってあっという間に骨抜きにされてしまう。したがって日本がまともな国に生まれ変わることができるか否かは、究極的には私たち国民の意思と行動にかかっている。正直のところ、筆者は日本人の自己改革能力に関して懐疑的だが、だからと言って現状を放置してよいわけがない。日本がまともな国に生まれ変わるために私たちに何ができるか、何をすべきかを本書の最後に問いたいと考えている。

第１章　通貨政策１
——日本はなぜ為替介入から卒業できないのか——

日本は自国通貨が強くなることを好まない国である。政府は過去に緊急円高対策の名目で頻繁に補正予算を組んできたし、日銀も一九九〇年代までは利下げを行う理由としてしばしば円高を挙げていた。二〇一三年から日銀が実施している異次元緩和も円安誘導(ないし円高防止)を強く意識したものである。

しかし政府・日銀が実施しうる円高対策の中でもっとも単刀直入なのは外国為替市場介入(為替介入)である。為替介入とは、政府や中央銀行が自ら通貨の売買を行い、為替レートを操作しようとする政策のことである。

日本を含め、多くの先進諸国は変動為替相場制度を採用している。変動相場制の下で政府や中央銀行が為替市場に介入するのは半ばルール違反だが、為替相場は時としていちじるしく不安定な動きを示すことがあるので、変動相場制の採用国であっても当局が為替介入の権限を完全に放棄することはない。

しかし一九九〇年代以降、欧米の主要先進国は為替介入を控えるようになっている。一方、日本では円売り一辺倒の為替介入が断続的に実施され、しかもその規模が拡大してきた。二〇一二年以降は為替介入が停止されているが、これはその後に為替相場が円安基調で推移してきたことや、異次元緩和が為替介入の代理役を演じるようになったことによるものである。

こうした日本と諸外国の姿勢の違いは、どのような理由によるものだろうか。「日本では輸出が経済の生命線だから、当局があらゆる手を尽くして円高を阻止するのは当然」だと考える人が多いと思うが、こうした考えは必ずしも正しくない。筆者の考えでは、日本の通貨政策には以下の二つの大きな問題がある。

第一の問題は、それがきわめて場当たり的で、長期的な視点を欠いていることである。その意味については本章で解説するが、このことは日本の他のマクロ経済政策にも共通している。

第二の問題は、為替介入が政府の財務管理に与える影響が十分に意識されていないことである。政府が円売り・外貨買いの為替介入を繰り返していると、公的部門に外貨資産と円負債が積み上がり、適切な管理が難しくなる。諸外国と異なり、日本では政府が巨額の債務を抱えながら相当額の資産も有しているが、これは財政の管理が真剣に考えられていない証拠である。この点に関しては第二章で詳述するが、日本と外国の通貨政策の違いは、一面では財政管理に規律が働いているか否かの違いによるものだと考えられる。

1　外国為替市場介入と為替レート

上述のとおり、為替介入とは、政府や中央銀行が自国通貨の為替レートを操作する目的で通貨を売買する政策である。たとえば日本政府が円を安くしたいと考える場合、円を売ってドルなどの外貨を購入する。当局が円を売れば為替レートは必ず円安になると考える人がいるかも知れないが、それは理論的にも現実にも誤りである。このことは為替介入のありかたを考える上で重要なポイントなので、それがなぜかを考えることから始めよう。

国際金融論の教科書を見ると、金利と為替レートの間には次ページの式(1-1)のような関係があると書かれている。この式の左辺は、資金を自国通貨建てで運用した場合の収益率(総合利回り)を表している。*右辺は、資金をいったん外国の通貨に換えて運用し、最後に自国通貨に戻す場合の収益率の予想値を表している。

式(1-1)　1＋自国の金利

$$= \frac{\text{将来の為替レートの予想値}}{\text{現在の為替レート}} \times (1+\text{外国の金利})$$

式(1-2)　自国の貿易財の価格

＝為替レート×外国の貿易財の価格

＊ たとえば一〇〇円の資金を年利五％（＝〇・〇五）で運用した場合、一年後の収益は一〇〇×（一＋〇・〇五）＝一〇五円になる。

自国が日本、外国がアメリカだとすると、為替レートは円ドルレートである。金利が一年物の国債の利回りだとすると、「将来の為替レートの予想値」は現時点における一年後の円ドルレートの予想値を意味している。

いま、式（1-1）の左辺と右辺の値が一致していないとしよう。すると予想収益率の低い国から高い国へと資金が移動し、それに伴って通貨の売買が行われるため、現在の為替レートが変化する。こうした資金移動と為替レートの調整は瞬時に生じるので、一時的に式（1-1）の関係が崩れることがあっても、それが長期間にわたって継続することは少ない。この式は金利裁定式と呼ばれ、およそすべての金融市場参加者の行動の前提になっている。

それでは、当局が為替介入を行うと、式（1-1）にどのような影響が及ぶだろうか。日本政府や日銀が円を売ってドルを買うと円安になりそうだが、式(1-1)において他の変数が同一のまま、現在の為替レートだけが上昇すると(すなわち円安になると)、右辺の値が左辺の値より小さくなってしまう。このことはアメリカより日本で資金を運用したほうが儲かることを意味するので、大量の資金がアメリカから日本に流入する。それに伴ってドル売り・円買いが行われるため、為替レートはすぐにもとの水準に戻ってしまうだろう。実際、日本政府が円売り介入を開始すると、民間部門の円買いが急増することが多い。

当局の為替介入が現在の為替レートを動かす別のルートとして、金利への影響がある。日本の為替介入を取り仕切っているのは日銀ではなく財務省だが、仮設例として、日銀が自己資金を用いて円売り介入を行うケースを考えてみよう。日銀が円を売却してドルに換えると、民間部門に滞留する円資金の残高がその分だけ増加し、金利が下落する。式(1-1)において自国の金利だけが低下し、他の変数の値が同一にとどまった場合、左辺の値が右辺の値より小さくなる。すると日本からアメリカに資金が流出し、円が売られてドルが買われるため、現在の為替レートが円安になる可能性がある。このように市中の貨幣量の変化を伴う為替介入を「不胎化されない介入」と呼び、貨幣量の変化を伴わない為替介入を「不胎化された介入」と呼ぶ。

経済学の教科書には「不胎化されない介入は不胎化された介入より効果が大きい」と書かれ

ていることが多いが、実は不胎化されない介入の意義もはっきりしない。第一に、日銀が上記のような効果を望む場合、為替介入を行う必要はなく、単に金融緩和を行って貨幣量を増やせばよい。為替介入を行って外貨を購入すると、日銀が為替リスクを抱え込むことになるが、日本国債を買い入れて金融緩和を行えば、そうしたリスクは生じない。*

＊　正確には、自国通貨売りの不胎化介入では、単なる金融緩和に比べてポートフォリオ効果と呼ばれる効果が強まる可能性がある。しかし日本やアメリカのように自国通貨建ての金融資産の残高が大きい国の場合、そうした効果は重要でない。

第二の問題は、金利の調整による為替レートの変化が小さいことである。先の式において左辺の金利が二％から一％に下落したとしても、それに対応して生じる円安はわずか一％にすぎない。残存期間一年の日本国債の利回りは二〇〇一年以降ほぼ〇％で、最近はマイナスになっている。したがって今日の日本において金利を操作して為替レートを動かす余地はほとんど残されていないと言ってよい。*

＊　金融市場参加者が遠い将来まで低金利が続くと予想した場合、為替レートの調整がより大きくなる可能性がある。しかしそれは金利自体の影響でなく、すぐ後に説明する期待を通じた効果である。

それにもかかわらず日本政府や日銀が為替介入を実施するとしたら、上記とは別のメカニズムに期待しているはずだが、それは何だろうか。式(1-1)において自国と外国の金利が一定だとすると、現在の為替レートが変化するためには、それと同じ比率だけ将来の為替レートの予想値が変化することが必要である。したがって当局が為替介入を行う場合、それが市場参加者の予想を変化させ、さらにそれが現在の為替レートに反映されることを狙っていることになる。

しかし政府や中央銀行がそのように人々の予想を自由に操作することは可能なのだろうか。過去の学術研究の多くは当局がそうした能力を持っていることに否定的だが、これはある意味で当たり前である。為替市場の参加者はもともとあらゆる情報を駆使して将来の為替レートを予想しているので、そこに政府や中央銀行が登場して通貨を売買したところで、それによって予想を変える理由は乏しいからである。

しかしそう言うと、以下のような反論があるかも知れない。市場参加者の予想がどうであれ、円がドルなどに対してどんどん高くなっている状況において、政府や日銀が特定の為替レートでいくらでも円を売ると宣言してそのとおりに行動すれば、それ以上の円高は阻止できるのではないか。この意見はそれ自体としては正しい。しかし当局以外の需要が円買い方向にいちじるしく傾いているということは、式(1-1)において左辺の値が右辺の値より大きくなっていて、調整が続いていることを意味する。そのような状況において当局が特定の為替レートを死守しようとすることは、為替相場の自然な調整を妨げることを意味し、いっそう大きな円買い需要を誘発することになりかねない。*

＊　スイスでは、二〇一一年から二〇一五年にかけてスイスフランの為替レートに下限を設け、それ以上のフラン高を許さない政策が試みられた。しかしスイス中央銀行がＧＤＰの八〇％を超える巨額の外貨を買い上げたのち、相場を支えきれなくなって放棄している。

ただし為替介入が成功する保証がないとしても、それを試みることが肯定されうる状況があることは事実である。上述したように、式(1-1)は現在の為替レートと将来の為替レートの関係を決めるだけで、肝心の為替レートの水準に関しては何の手がかりも与えてくれない。それはこの式が金融市場参加者の行動だけに注目したものだからである。しかし国際間では商品やサービスの取引も行われ、政府や多くの国民が関心を持つのは後者だろう。

長期的な為替レートの適正値の基準としてもっとも分かりやすいのは、国際間で貿易が可能な商品やサービス(これらを貿易財と呼ぶ)の価格が一致する水準である。すなわち、14ページの式(1-2)の関係を満たす為替レートが適正水準である。もちろん個々の商品やサービスに関してこの式が成立する為替レートは異なるので、以下では、多数の貿易財の価格を加重平均した値に関してこの式が満たされる為替レートを均衡為替レートと呼ぶことにする。

いま、現在の為替レートが均衡為替レートに比べていちじるしく円高だとしよう。このことは式(1-2)において外国の貿易財の価格を円建て換算した値が日本の貿易財の価格より低くなっていることを意味するので、日本では輸出が減少して輸入が増加する。すると為替市場において円買い・外貨売り需要が減少し、円売り・外貨買い需要が増加するため、為替相場は円安・外貨高の方向に向かうはずである。したがって現在の為替レートが何らかの理由で均衡水準から乖離していても、いずれ前者を後者に収斂させる力が働くはずである。

しかしモノやサービスの貿易には時間がかかるため、こうしたメカニズムによって不適切な為替相場が矯正される前に実体経済に深刻な悪影響が及ぶ可能性がないわけではない。そのような場合、当局が為替介入を行って現実の為替レートの均衡為替レートへの回帰を促すことは肯定されうるかもしれない。ただしそうした場合であっても常に為替介入が望ましいわけではなく、いくつかの条件が満たされている必要がある。

第一に、上記の理由による為替介入が許容されるのは、現実の為替レートが均衡水準からいちじるしく乖離し、そのことに議論の余地がほとんどない場合だけである。均衡為替レートの大まかな水準を推定することはそれほど難しくないが、リアルタイムで厳密な推計を行うことは難しい。また、現実の為替レートが均衡水準から多少乖離したからといって、すぐに為替介入を行うことは望ましくなく、上下一〇～二〇％ぐらいの乖離は許容すべきだろう。

第二に、上記の理由で為替介入を実施する場合、自国通貨が均衡為替レートに比べて高くなったときも安くなったときも同じように介入すべきである。円高には円売り介入によって対抗するが、円安は歓迎して放置するという政策は外国の反発を招くだけでなく、かえって為替相場を不安定化させる可能性が高いからである。また、一方向に偏った為替介入をくり返していると、当局が保有する外貨準備が枯渇するか、あるいはそれが止めどなく増加するため、そうした政策には原理的に持続性がない。

第三に、国内の経済状況によっては、為替相場が均衡水準から相当乖離していても、為替介入を行うことが望ましくない場合もある。たとえば為替レートが均衡値に比べて円高になっている一方、国内経済が過熱状態にある状況を考えてみよう。そのときに円安を促す目的で不胎化されない為替介入を行うことは、景気過熱時に金融緩和を行うのと同じであり、それが望ましくないことは明らかである。つまり、為替介入は金融政策と矛盾しない形で行うべきである。

第四に、為替相場を均衡為替レートに近づけることを目指す為替介入であっても、それがうまくゆかない可能性が高い以上、事前に何らかの歯止めをかけておくことが望ましい。政策担当者に何の制約も課されていない状態で為替介入が開始されると、「相場が動くまで無制限に介入しよう」ということになりやすいからである。

そうした事態を回避する方法として、どのような状況においてどれだけの為替介入を行うかを事前に取り決めておくことも考えられるが、そうしたガイドラインは現実にはあまり役に立たないことが多い。その種のガイドラインを秘匿すると市場参加者の疑心暗鬼を呼ぶことになるし、それを公表すれば市場参加者の行動に織り込まれてしまうからである。それより効果的なのは、当局が保有する外貨準備の残高に一定の制約を設けておくこと、そして為替介入の実施状況や外貨準備の管理状況を定期的に点検するしくみを作っておくことである。

2　日本の為替介入とその問題点

次に、日本の為替介入のしくみと特徴についてもう少し詳しく説明しよう。経済学の教科書を見ると、為替介入は通貨当局が実施すると書かれていることが多い。ここでいう「通貨当局」とは、政府か中央銀行のいずれかないし両方を意味するが、政府と中央銀行のどちらが為替介入の決定権を持っているかは国によって異なる。

上述したように、不胎化されない為替介入は中央銀行しか実施できず、それ以外の為替介入も金融政策と矛盾しないように実施する必要がある。したがって原理的には中央銀行が金融政策と通貨政策の両方を担当することが合理的だが、主要国の中には政府が通貨政策に深く関与している国もある。その一つの理由は、主要通貨間の為替レートが国際的な政治問題になりやすく、中央銀行の手に余る部分があることだろう。ただし後に見るように、そうした国々においても政府が単独で為替介入の規模やタイミングを決めているケースはほとんどなく、実質的に中央銀行との共同作業であることが多い。

ところが、日本の場合、政府の一部門である財務省のそのまた一部局が為替介入を含むすべての通貨政策を一手に掌握している。新聞等では「政府・日銀が為替介入を実施した」と報道されることが多いが、日銀は財務省の指示にしたがって通貨を売買するだけである。最近は財務省と金融庁、日銀の担当者が会合を開いて国際金融情勢を議論することも行われているようだが、金融庁や日銀が為替介入の判断に与える影響力は非常に小さなものである。

日本の通貨政策の担当機関が財務省である以上、為替介入に関する公式の責任者は財務大臣である。しかし政治任用の財務大臣が国際金融の専門知識を有していることは少ないので、事務官僚がイニシアティブをとることが多い。財務省には「国際的に処理を要する事項に関する事務を総括整理する」事務部門のトップとして、財務官というポストが置かれている。為替介入を含む国際金融行政に関しては、財務官が中心となり、担当部局である国際局の局長などと協議しながら政策を運営することになる。

実際、財務官が交代すると、マスメディアや為替市場参加者の間で為替介入の方針が変化する可能性が取り沙汰されることが多い。これは一面では為替介入における財務官の影響力の大きさを物語るものだが、同時に、日本の為替介入に明確なルールがなく、そのときどきの担当者の考えによって政策が大きく変化しうるためでもある。また、いくら財務官の影響力が大きいと言っても、財務大臣が為替相場に強い関心を持っている場合、大臣の意向を無視して事務官僚が政策を決めるわけにはいかない。したがって、経験の乏しい大臣の浅慮や機会主義によって不適切な政策が行われてしまう可能性もある。

日本政府には、「外国為替相場の安定」を目的とする財務省所管の特別会計として、外国為替資金特別会計（外為特会）が設けられている。財務省は自ら円を発行する権限を有していないので、円売り介入を実施する場合、外為特会から政府短期証券（ＦＢ）と呼ばれる割引債券を発行し、売却用の円資金を調達する。外為特会から発行されるＦＢは正式には外国為替資金証券（為券）と呼ばれ、そのほとんどは満期三か月程度の超短期債である。

通常、国債やFBは事前に民間金融機関に発行スケジュールを提示して入札させる形で販売されているが、一刻を争う為替介入の際にそうした手続きを踏んでいる暇はない。そこで為券を日銀にいったん丸ごと引き受けてもらい、後に新しい為券を発行して償還資金を準備するという手続きがとられている。こうした手続きにはやむをえない面があるが、財政法の「すべて、公債の発行については、日本銀行にこれを引き受けさせ、又、借入金の借入については、日本銀行からこれを借り入れてはならない」という規定(第五条)からすると、日銀に巨額のFBを一方的に引き受けさせることが適切かどうかは議論の余地がある。

いずれにせよ、そうして財務省が円売り・ドル買い介入を実施すると、その分だけ政府が保有するドルが増加する。購入したドル(やその他の外貨)も外為特会において管理されているが、そこにどのような問題が存在するかは第二章で詳しく解説する。

図表1-1は、財務省(及び旧大蔵省)の為替介入の金額とタイミングを、円の為替レートの推移とともにグラフに描いたものである。財務省は二〇〇三年に為替介入の実績を公表するようになり、今日では一九九一年四月まで遡ってデータが公開されている。外国の依頼により円以外の通貨を売買する為替介入が行われたこともあるが、それらは省略している。

為替レートに関しては、円ドルレートの実勢相場に加え、参考として、日米の生産者物価統

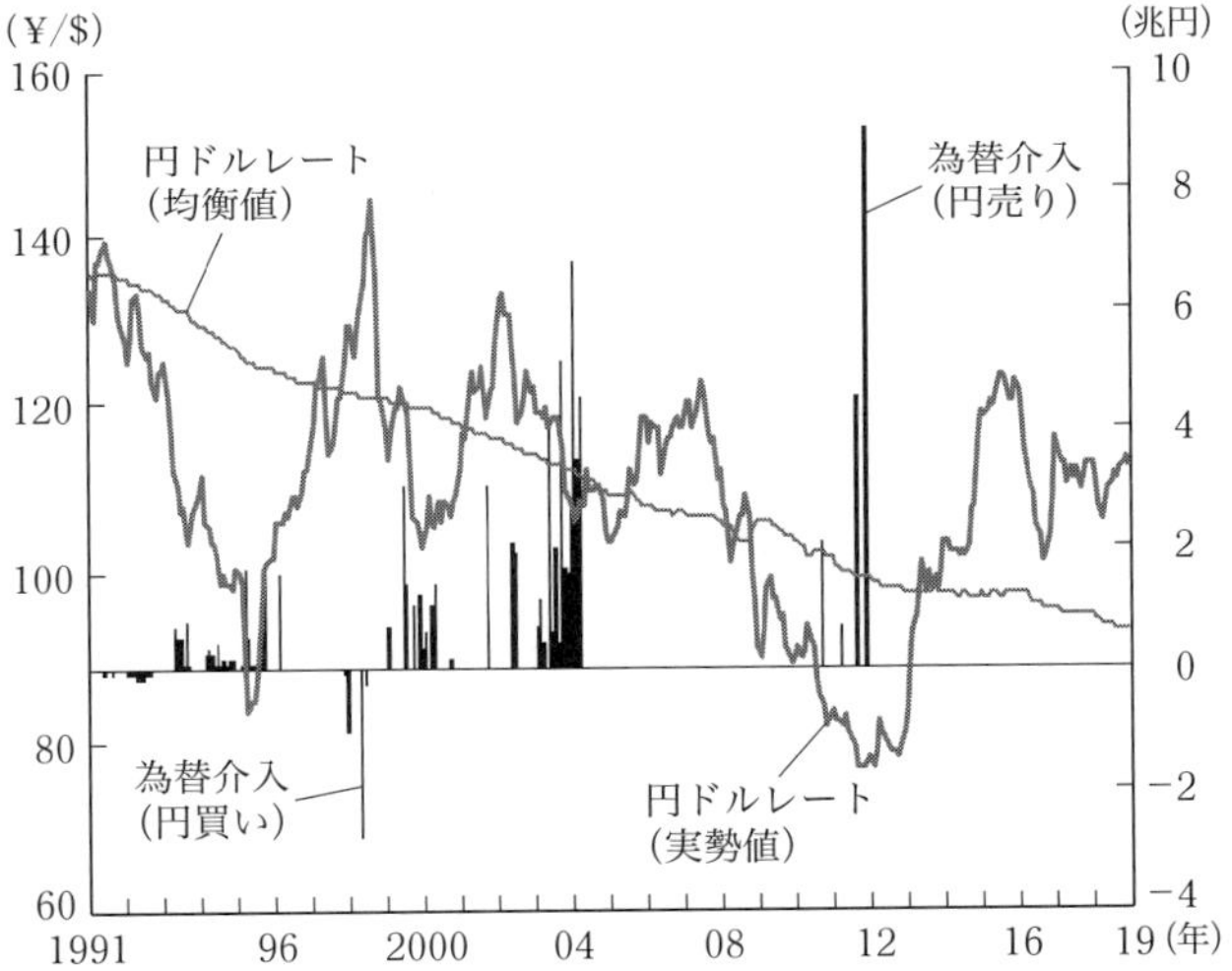

(出所) 財務省「外国為替平衡操作の実施状況」, 日本銀行「企業物価指数」, US Bureau of Labor Statistics, *Producer Price Index* などをもとに集計.

図表 1-1 円の為替レートと外国為替市場介入

計を用いて推計した均衡為替レートも示している。* 上述したように、均衡為替レートの推計には技術的に難しい点があるので、これはあくまでも大まかな試算値だと考えてほしい。ただしここに示した値は、筆者が別所で他の手法を用いて推計した値ともおおむね一致している(熊倉 二〇一八)。

* 生産者物価指数は原則としてサービスを除いて集計されているので、貿易財の物価の指標として適切である。ただしアメリカと日本とでは生産されている商品の構成が異なるため、アメリカの統計を日本の品目構成に合わせて調整した上で利用した。なお、日本の生産者物価統計は日本銀行が作成している国内企業物価指数である。

図表1-1によると、日本の為替介入は特定の時期に集中して実施される傾向があり、近年になるほどその規模が拡大している。また、かつては円買い・外貨売り介入が実施されたこともあるが、一九九九年以降はすべて円売り・外貨買い介入である。さらに、これらの為替介入の大半は円ドルレートが大きく円高に振れる局面で実施され、足元の為替相場と均衡為替レートの関係にはあまり注意が払われていないように見受けられる。

財務省のホームページを見ると、「為替相場が思惑等により、ファンダメンタルズから乖離したり、短期間のうちに大きく変動する等、不安定な動きを示すことは好ましくないことから、為替相場の安定を目的として通貨当局が市場において、外国為替取引(介入)を行うことがあります」と書かれている。この説明によると、財務省が為替介入を実施するのは、①為替相場がファンダメンタルズから乖離したときか、②為替相場がいちじるしく不安定化したとき、のいずれかだということになる。

しかし、これらの理由で為替介入が行われているとしたら、円が高くなるときにも安くなるときにも同じように介入が行われていなければおかしい。たとえば、①が為替介入の根拠だとすると、過去二〇年間の為替介入のすべてが円売り介入だった以上、円はファンダメンタルズを超えて高くなることはあっても安くなることはない通貨だということになってしまう。

財務省が為替介入を実施する際、財務大臣や財務官はしばしば「為替レートがファンダメンタルズを反映していない」と発言するが、それは「日本の景気が悪いときに円が強くなるのはおかしい」という意味であることが多い。しかし他の条件が同一の状態において外国に比べて日本の景気が悪化した場合、輸出に比べて輸入が減少する。輸出は外貨売り・円買い、輸入は外貨買い・円売りの為替取引を増やすため、日本の景気が後退したときに円高になることは必ずしもおかしくない。

したがって「日本の景気が悪いときに円高になるのはおかしい」という主張は必ずしも成り立たず、要するに「日本の景気が悪いときに円高になっては困る」ということだと思われる。これらのことから分かるのは、日本政府の為替介入は景気対策の性格が強く、上述した適切な為替介入の条件を満たしていないということである。

ただしこうした評価に対しては、以下のような反論がありそうである。円高になると景気が悪くなる可能性が高い以上、政府がそれを未然に防止しようとするのは当然である。また、景気刺激のために財政支出を増やすと財政赤字が増加するが、為替介入は円と外貨を交換するだけだから、同じ景気対策なら財政政策より為替介入のほうが優れているのではないか、と。

しかしこうした考えは誤りである。財政への影響に関しては次章で論じることにして、以下では景気対策として為替介入を行うことの弊害をもう少し詳しく論じておこう。

上述したように、変動相場制の採用国において為替介入が正当化されうるのは、足元の為替相場が均衡為替レートから大幅に乖離してしまったときに、それを均衡水準に押し戻す目的で行われる場合だけである。* しかし現実には、足元の為替相場は均衡水準に比べてとくに円高でないが、景気は非常に悪いという状況がしばしば発生する。そうしたときには円高が少しでも進むと為替介入をやりたくなるが、そうして相場を均衡レートより円安にしてしまうと、いずれ大きな揺り戻しが起こることが避けられなくなる。

* それ以外に、何らかの理由によって為替市場が機能不全に陥ったときに、当局が流動性を供給する目的で外貨の売買を行うことも考えられるが、そうした事態が生じることは稀である。

日本では現実にそうした弊害が生じている可能性が高い。図表1-2は、日本を含む先進六か国(地域)の通貨の実質実効為替レート(多数の外国通貨に対する為替レートを物価の違いを考慮して調整した上で平均値をとったもの)の推移を示したものである。ここに掲げた国々のうち、当局が為替介入に積極的なのは日本と韓国だけである。イギリスとカナダ、スウェーデンも過去には為替介入を行っていたが、近年はまったく実績がない。ユーロ圏では共通通貨導入直後の二〇〇

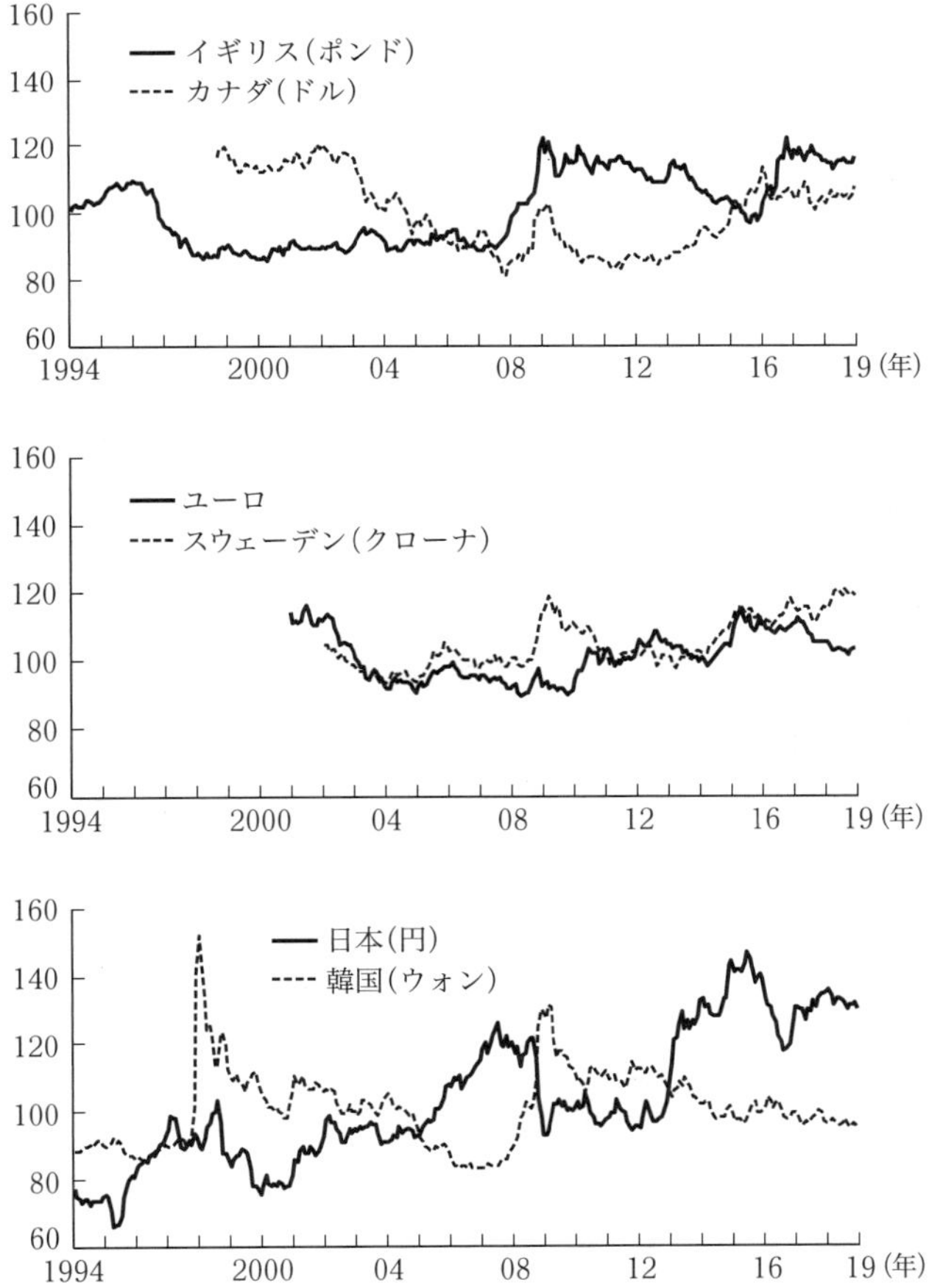

(注) いずれも期間中の平均値が 100 になるように調整した．数値の上昇が自国通貨安を意味している．
(出所) 国際決済銀行のデータをもとに集計．

図表 1-2　主要国通貨の実質実効為替レート

〇年にユーロ高誘導を目的とした介入が数回行われたが、その後は実績がない。これらの国々(地域)の通貨に関しては、最後に為替介入が行われた時点以降のデータだけを示している。

図表1-2を見る限り、日本と韓国の通貨の為替レートは、他の国々の通貨の為替レートに比べて明らかに不安定である。日本と韓国の為替介入はいずれも輸出促進を意識した自国通貨売りに偏っているため、そうした介入がかえって為替相場を不安定化させることは不思議でない。他の通貨の中では英ポンドが二〇〇八年と二〇一六年にやや大きく減価したが、これは金融危機とEU離脱を決定した国民投票の影響であり、これほどの一大事が生じても為替介入を行わずに凌いでいることはむしろ驚きである。

また、「円高は為替介入によって阻止、円安は歓迎して放置」という政策は、不況時に景気対策を行って好況時に景気引締めを行わないのと同じである。以下で解説するように、そうした政策はかえって景気を不安定化させるだけでなく、産業構造の自然な調整を阻害する点でも望ましくない。

ここで図表1-3を見てみよう。この図の上段のグラフは、円ドルレートの実勢値(現実の為替レート)と、日本の輸出企業の採算レートの推移を示したものである。採算レートは内閣府のアンケート調査によるもので、株式市場に上場している比較的大きな企業にとって「これ以上

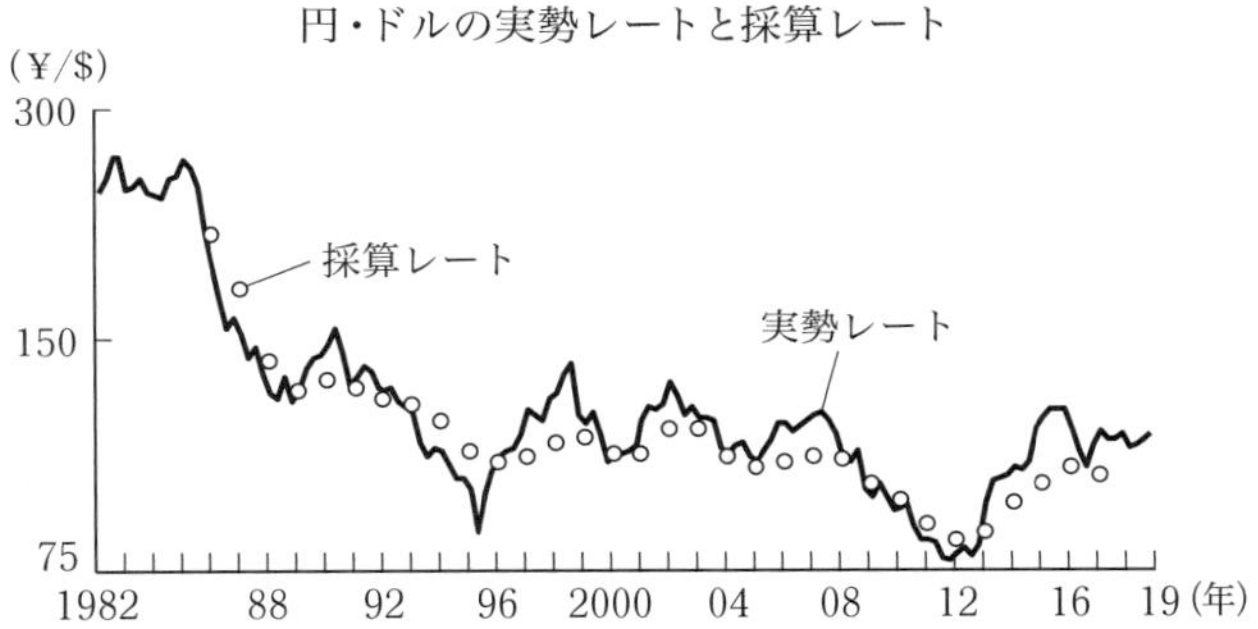

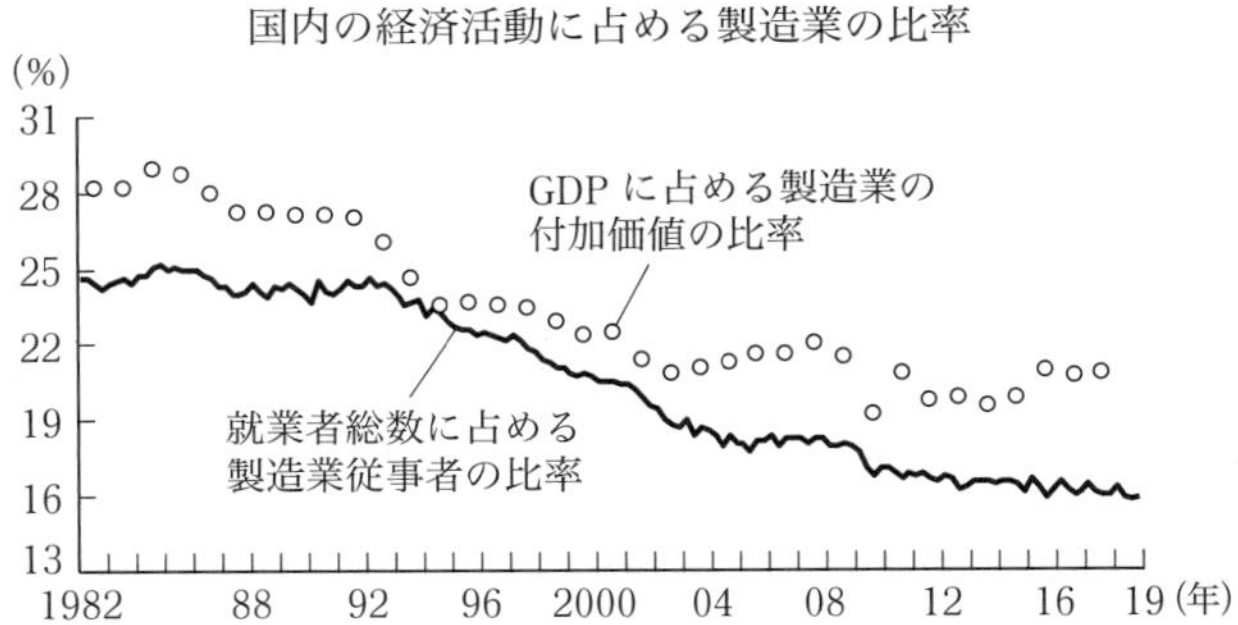

(注) 上段のグラフは対数目盛を用いている.
(出所) 内閣府「企業行動に関するアンケート調査」, 総務省統計局「労働力調査」及び日本銀行の統計をもとに集計.

図表 1-3 為替レートと産業構造の変化

円高が進むと赤字になる」という損益分岐点に当たる円ドルレートを意味している。

このグラフでは、現実の為替レートが先に動き、それに採算レートが追随することが多いように見える。これは、企業が足元の為替レートの変動に応じて生産する商品を入れ替えたり、国内と海外の生産拠点の間で生産量を調整したりするためである。しかし長期的には日本と外国の賃金や生産性の関係によって採算レートが先に決まり、それに対して現実の為替レートが調整すると考えることが自然である。

採算レートのデータが得られる一九八六年から今日にかけての実勢レートと採算レートの比率の平均値を計算すると、およそ一〇三：一〇〇である。つまり、実勢相場が採算レートに比べて三％ほど円安の状態（すなわち輸出の利益率が約三％のとき）が標準的な状態だということになる。

図表1-3上段のグラフを見ると、一九九〇年代半ばと二〇一〇年代初頭には採算レートの調整が現実の為替レートの動きに追い付かず、多くの企業にとって非常に苦しい状況になっていたことが分かる。しかし一九九〇年代末から二〇〇七年ごろまでは逆に実勢相場が採算レートを大幅に上回ることが多く、輸出企業が超過利益を獲得しやすい環境になっていた。また、二〇一四年以降も実勢レートと採算レートの差が開いており、再び輸出の採算性が高まってい

る。

次に、図表１‐３の下段のグラフを見てみよう。このグラフは、日本のＧＤＰに占める製造業の付加価値の比率と、日本の就業者総数に占める製造業従事者の比率の推移を示したものである。一般に、一国の経済が発展すると、生産活動の中心が製造業からサービス業にシフトしてゆく。こうした傾向を反映し、日本でもＧＤＰと雇用に占める製造業のシェアが低下傾向にある。ただし円安期や好況期には競争力の劣る企業でも業況が改善するので、そうした産業構造の変化が進みにくくなる。また、付加価値に比べると雇用は粘着性が強いので、為替や景気の変動に対する調整は一〜二年ほど遅れて生じることが多い。

他の先進諸国の経験を鑑みると、日本では一九八〇年代に脱工業化傾向が表れてもおかしくなかった。しかし一九八〇年代前半に円安とアメリカの好況によって輸出が急増したこと、そして一九八〇年代後半に空前のバブル経済が発生したことにより、工業製品メーカーの雇用調整や生産拠点の国外移転はあまり進まなかった。しかしその後に不況と円高が同時発生したため、一九九三年ごろから二〇〇〇年代初頭にかけて企業の倒産が相次ぎ、軽工業が集中する地域において失業者が急増してしまった。

その後、二〇〇〇年代前半から半ばすぎにかけて、円安と外国の好況によって製造業の業況が再びいちじるしく改善した。それが好景気をもたらしたため、二〇〇四年ごろから二〇〇八年ごろにかけて製造業の雇用比率の低下が再び停止した。しかしその後にリーマン・ショックが発生し、世界同時不況による外需の激減に円高が加わると、工業製品メーカーの間で大量の倒産や解雇が発生し、再び社会問題化した。

二〇〇二年ごろから二〇〇七年ごろにかけては外需がいちじるしく増加していたので、マクロ経済の安定のためには、為替レートはむしろ円高気味で推移することが望ましかった。しかし当時の日本においてそうした意見はほとんどなく、むしろ「ようやく長期不況からの出口が見えた」「久しぶりに日本企業の本領が発揮される環境になった」といった意見が多かった。その後の大不況も降って湧いた天災のように受け止める向きが多かったが、図表1-3を見る限り、それ以前の状況からの反動による部分も大きかったと思われる。

日本では「円高は産業空洞化を招くから断固として阻止すべきだ」と主張する人が少なくないが、先進国の中で工業部門の(相対的な)縮小が生じていない国は存在せず、それに抗うのは重力に抵抗するようなものである。* 均衡為替レートを超える円安が続くと工業製品メーカーの事業整理や海外生産移転が停止してしまい、のちに大きな反動が発生するので、均衡水準を超える円安は円高と同じかそれ以上に警戒すべきである。

＊　西欧の中で製造業がもっとも健闘しているドイツにおいても、就業者総数に占める製造業従事者の比率は低下している。

しかし第二次安倍政権発足以来、政府は再び輸出と公共投資を梃子にした景気浮揚策に傾斜している(第四章参照)。二〇一二年の衆議院選挙の際、自民党は「デフレ・円高からの脱却」を経済政策の最優先事項に掲げ、財務省と日銀、民間の共同出資で「官民協調外債ファンド」を設立することまで計画していた。衆院選と前後して円安が進んだためにこの計画は実行されなかったが、＊こうした政策を掲げる政府が過去の失敗から学んでいないことは明らかである。実際、その後の円安によってふたたび製造業の収益が急増し、製造業の就業人口も増加に転じている。本稿の執筆時点の為替相場は均衡水準に比べてまだかなり円安だと思われるが、そうした円安ボーナスが失われたとき、リーマン・ショック後のような混乱が再び生じないだろうか。

＊　ただし国民の社会保険料を預かる年金積立金管理運用独立行政法人（ＧＰＩＦ）が海外投資を大幅に増やしたので、実質的に外債ファンドが作られたのと同じ効果が生じた。

本書では紙幅の制約により深く立ち入らないが、そもそも日本経済がなぜ円高に対して脆弱なのか、円高がなぜこれほど嫌われるのかも検討に値する問題である。国内では日本が輸出大国だという意識を持っている人が多いと思うが、日本の輸出依存度(輸出総額のGDPに対する比率)は世界の国々の中でももっとも低い部類に属する。また、日本の輸出品の大半は機械機器や化学製品だが、本来、農産品や軽工業品の輸出国より高度な工業製品の輸出国のほうが(価格交渉力がある分だけ)為替変動の影響を凌ぎやすいはずである。それにもかかわらず円高が不況に直結しやすいのは、日本ではもともと製造業・非製造業ともに不採算企業や低利企業が多く、外的なショックに対して脆弱だからだと思われる。

また、日本では円安を求める声の方が円高を求める声より政治的影響力を持ちやすいことも理解しておくべきである。外国との貿易の中には、ドルなどの外貨で価格を決めて決済が行われるものと、円で価格を決めて決済が行われるものが含まれている。為替レートの変化が企業の収益に直結するのは外貨建てで行われる取引だが、これらの取引に関する日本の貿易収支は常に赤字である(熊倉 二〇一三)。このことは、円安になると、円で測った輸出額が増える効果より輸入額が増える効果のほうが大きいことを意味する。それにもかかわらず円安を望む声の方が政府に届きやすいのは、輸出企業の中に大企業が多いことに加え、円高が進んで輸入価格が下落しても、国内の流通過程でその影響が吸収されてしまうことが多いためである。

さらに、工業製品メーカーの製造拠点が地方部に集中していることも、政府が円安志向の政策に傾斜しやすい一因になっている。与党自民党の票田は地方の農家や中小企業である。農家は政府の手厚い保護によって輸入品との競争を免れているが、工業製品の輸入関税率は押しなべて低いため、製造業は国内でも海外でも外国企業との競争に晒されている。地方の製造業には円高に対する耐性がとりわけ低い中小企業や軽工業品メーカーが多いため、これらの地域から選出されている政治家が円高対策に熱心なのは当然である。

しかし、すでに競争力を失った企業を円安によって存続させようとすることは望ましくない。地方では都市部に比べて雇用機会が乏しいが、それでも低賃金の軽工業は人材を集められなくなっている。政府は最近になって外国人労働者の積極的な受け入れに舵を切ったが、これは自民党の票田である地方の農家や中小企業経営者の強い要請によるところが大きい。政府は入国する外国人労働者の一部を人為的に地方に誘導する計画を立てているようだが、それによって産業構造の変化が先送りされると、長期的にはむしろ経済を停滞させてしまう可能性がある。

3　歯止めのない為替介入の弊害

次に、過去の二つの為替介入のエピソードを参照しつつ、日本の通貨政策の問題点をもう少し詳しく論じておこう。以下で採り上げるのは、二〇〇三年から二〇〇四年初にかけて溝口善兵衛財務官（当時）の下で行われた大規模介入（いわゆる「平成の大介入」）と、民主党政権の下で二〇一一年から二〇一二年にかけて実施された為替介入である。

溝口氏は約一年半の財務官在任中に、総額三五・三兆円もの為替介入を実施している。介入が実施された日数は一三八日に及び、そのすべてが円売りだった。当時、小泉純一郎内閣の下で新規国債の年間発行残高を三〇兆円に抑えることが試みられていた。その背後で、為替介入資金を調達するためにそれを上回る金額のＦＢが発行されていたことになる。

図表1-4は、当時の為替レートと景気の推移をグラフに描いたものである。上段のグラフには円・ドルと円・ユーロの為替レートを示し、図表1-1に示した円・ドルの均衡レートも再掲している。それによると、当時の円ドルレートは均衡水準に比べてとくに円高だとは言えず、為替レートの水準だけに注目した場合、巨額のドル買い介入が正当化される状況ではなか

ったように思われる。また、円ユーロレートは二〇〇〇年一〇月に底を打ったのち、円安・ユーロ高の方向に推移していた。円・ユーロの均衡為替レートは示していないが、溝口氏の就任時点で実勢相場は均衡レートよりむしろ円安だった可能性が高い。

こうした状況の中、財務省はどのような理由で巨額の円売り介入に踏み切ったのだろうか。

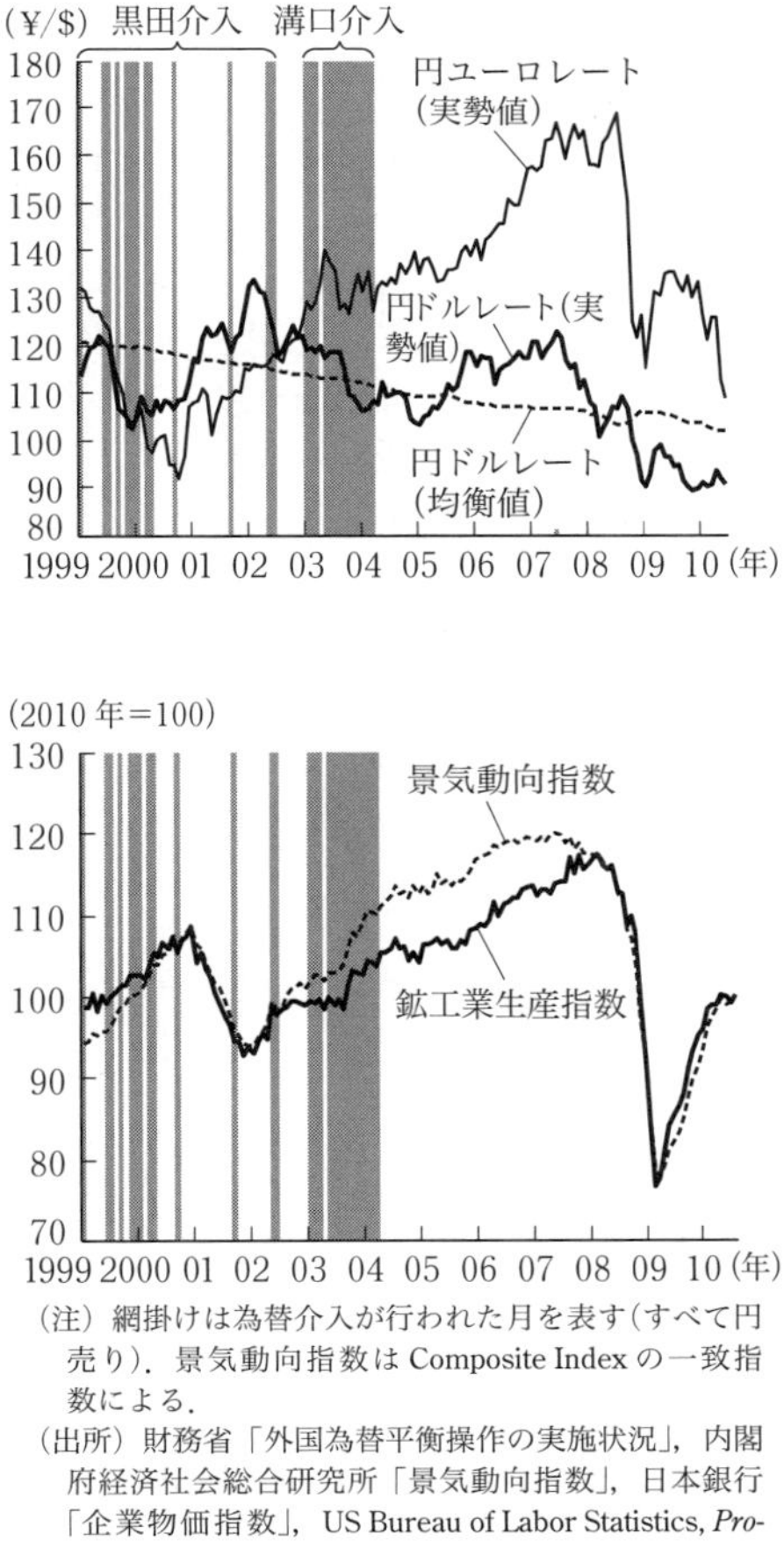

(注) 網掛けは為替介入が行われた月を表す(すべて円売り). 景気動向指数は Composite Index の一致指数による.

(出所) 財務省「外国為替平衡操作の実施状況」, 内閣府経済社会総合研究所「景気動向指数」, 日本銀行「企業物価指数」, US Bureau of Labor Statistics, *Producer Price Index* をもとに集計.

図表 1-4　黒田・溝口介入と日本経済

財務省の事業報告書によると、当時、「日本経済は、デフレが続く中、金融セクターへの不安等から、日経平均株価が平成一五年四月には七六〇〇円台に下落するなど極めて深刻な状況が続」いていた。そして「財政政策による景気刺激の余地がな」く、「政府・日銀が異例な手法も含め、あらゆる政策を総動員せざるを得ない厳しい状況の中で、為替市場介入も数少ない残された政策手段として用いられ」たそうである。*

＊　財務省「平成一五年度政策評価書（実績評価書）」。

この説明によると、財務省は為替介入を為替相場を均衡水準に誘導するための政策だとは必ずしも考えておらず、金融・財政政策と同様のマクロ経済政策の手段だと考えているようである。このことは先に引用した為替介入に関する公式の方針と矛盾するが、そもそも、当時の日本経済は財務省の報告書が言うほど危機的な状況だったのだろうか。

図表1-4下段のグラフは、同じ時期の景気動向指数と鉱工業生産指数の推移を示したものである。内閣府の景気基準日付によると、日本経済は二〇〇〇年一一月から二〇〇二年一月にかけて短い景気後退を経験したのち、同月から二〇〇八年二月まで七三か月に及ぶ景気拡張が続いていた。溝口氏が財務官に就任し、ただちに為替介入を開始したのが二〇〇三年一月、為

替介入が停止されたのは二〇〇四年三月だった。したがって景気が底を打ってから二年以上経ってもまだ為替介入が行われていたことになる。

確かに、景気の動向をリアルタイムで正確に読み取ることは難しく、景気が底を打ってからしばらくの間はその実感を持てないことが多いものである。また、このときは株価がなかなか上向かなかったため、*政府が景気の腰折れを心配したことは自然だったかも知れない。しかし、株価が上昇基調に転じ、景気が底堅い改善を続けていることが明らかになったのちにも巨額の円売り介入が続けられたことが適切だったかどうかはやや疑問である。

＊　ただし二〇〇〇年春から日経平均株価指数が急激に下落し、その回復が遅れたことには、ITバブルの崩壊と前後して多数の通信・電機メーカーが平均株価の対象銘柄に取り入れられたことが影響している。また、日本のGDPに占める製造業の付加価値の比率が二〇％前後であるのに対し、日経平均株価の対象銘柄に占める工業製品メーカーの比率は六〇％強に上るため、もともと外需や為替レートの影響を受けやすくなっている。

溝口氏は二〇〇四年になっても為替介入を継続した理由として、投機筋を打ち負かすことが必要だったことを挙げている（上川 二〇一四）。しかし景気の底入れが視野に入ると、その後の株価の上昇などを見越して海外から投資資金が流入するのは自然であり、そうした資金の流れをすべて悪意に満ちた投機であるかのように決めつけることは適切でない。

また、このときの為替介入が日本の景気回復に役立ったとしても、それだけでこの政策が成功だったとは言えない。図表1-4の下段のグラフを見ると分かるように、為替介入が停止された二〇〇四年三月時点で、鉱工業生産指数はその直前の景気の山(二〇〇〇年一一月)の水準に近づいていた。上述したように、その後も好調な外需に牽引される形で景気が改善を続けたが、その分だけリーマン・ショック後の反動が大きくなってしまった。

「平成の大介入」には他にもいくつかの疑問がある。第一に、このときの為替介入は日本の単独介入であり、欧米の通貨当局の積極的な支持を得ていたわけではなかった。通常は日本の為替介入に批判的なアメリカが大規模なドル買い介入を黙認したのは、当時のアメリカの経済状況が良好だったことに加え、マクロ経済学者のジョン・テイラー氏が財務次官(日本の財務官に相当)を務めていたことが大きい。

テイラー氏は「貨幣量を大胆に増やせばデフレは解消する」という量的緩和の信奉者であり、日本政府が巨額の円売り介入を実施し、日銀がそれを不胎化しなければ、日本経済が再生すると考えたようである(Taylor 2007)。しかし第三章で解説するように、日本は当時も今日もデフレと言える状況にはなく、テイラー氏の診断が適切だったかどうかは疑問である。

なお、興味深いことに、大規模介入のさなかの二〇〇三年七月にテイラー氏の声がけで開催された日米欧財務相代理会議において、溝口氏はドル・円・ユーロの為替レートを一定の範囲内に安定させる参照相場圏(いわゆるターゲット・ゾーン)構想を持ちかけ、テイラー氏とカイオ・コッホウェザー独財務次官(兼EU経済財政委員会委員長、いずれも当時)に一蹴されている。溝口氏は退任後のインタビューにおいて「伝統的に為替介入を嫌う米国のテイラー氏の反対は予想していたが、欧州は日本と同様ドル安・ユーロ高に困っていたので、関心を示すかもしれないと期待していた」と述べているが(『日本経済新聞』二〇〇七年一二月一七日朝刊)、この発言は氏が欧米の通貨当局の置かれた状況を十分に理解していなかったことを示している。

欧米では、日本とは為替介入に関する当局の考え方が異なるだけでなく、後述するように、政策担当者の裁量の余地がしだいに狭められてきている。そのような中で、一官僚が通貨制度の根本的な変更とも捉えられかねないような提案に賛成するはずがないし、そもそもそれにコミットできる権限など持っていない。溝口氏の頭の中には一九八〇年代のプラザ合意やルーブル合意の記憶があったのかも知れないが、同氏の提案はテイラー氏やコッホウェザー氏には時代遅れに聞こえたはずである。

次に、民主党政権下で実施された為替介入を検討してみよう。民主党が政権の座にあった二〇〇九年九月〜二〇一二年一二月のうち、為替介入が行われたのは二〇一〇年九月一五日、二〇一一年三月一八日、同八月四日、同一〇月三一日〜一一月四日の合計八日間だった。先に日本では事務官僚が中心になって通貨政策を運営していると述べたが、民主党が「官僚主導から政治主導へ」をスローガンに掲げていたこともあり、この間は首相や財務大臣が通貨政策に積極的に関与する姿勢が目立っていた。

この時期の為替介入のうち、二〇一一年三月一八日の介入は東日本大震災後に為替市場が混乱したことに対応したもので、他の介入とはやや性質を異にしていた。このときは他のG7諸国が協調介入に応じてくれ、金額がわずかだったにもかかわらず、ただちに効果が得られた。その意味で、このときの為替介入は望ましい対応だったと思われる。*

＊ ただし協調介入前夜から早朝にかけての急激な円高は外為証拠金取引のロスカット規制などのテクニカルな要因の影響が大きかったと思われ、為替介入なしに凌ぐことができなかったかどうかは必ずしも明らかでない。

民主党政権時代の他の為替介入のうち、二〇一〇年九月一五日の円売り介入では、一日のうちに二兆一二四九億円が売却されている。当時の首相は菅直人氏だったが、同氏は前職の財務相在任時から為替介入の可能性を示唆する発言をくり返していた。介入が行われたのは菅氏が民主党の代表選で再選されて首相続投が決まった翌日だったが、この時点で為替介入の可能性は相場に完全に織り込まれていた。実際、このときの介入の効果は数日しか続かず、ふたたび円高が加速している。

その後、二〇一一年八月四日に約四兆五〇〇〇億円の円売り介入が実施されたのち、一〇月三一日から一一月四日にかけて九兆円余りの円売り介入が行われている。とくに一〇月三一日には八兆七二二億円もの介入が遂行され、一日の介入額としては過去の最高額の三倍以上の規模だった。しかし金額がきわめて巨額だったにもかかわらず、これらの介入が相場の流れを変えることに成功したようには見受けられない。また、その後に為替介入以外の方法で為替相場の流れを変える工夫が行われた形跡も認められない。

上記のエピソードは、一面では経験の乏しい政治家が前面に出て政策を取り仕切ろうとしたことの帰結だが、それだけにとどまらない問題も示唆している。二〇一一年一〇月三一日の巨額介入の際、安住淳財務大臣が「私としては納得いくまで介入させてもらいたいと思う」と発言して物議を醸したが、日本では為替介入や外貨準備の担当者に規律を与えるしくみがほぼ皆無なので、そのときどきの担当者の判断しだいでどのような政策でも実施されてしまう可能性がある。筆者は、過去の財務大臣や財務官が使命感を持って為替介入に当たったことは否定しない。しかし政策に規律を与えるしくみが不在だと、仮にあるときに実施された政策がそれ自体としては妥当だったとしても、それが前例となってその後の政策がどんどんおかしな方向に向かってしまう可能性がある。

こうした問題は、日本政府の為替介入の手法の変化にも表れている。従来、日本の為替介入は少額・高頻度のものが多かったが、一九九五年後半から一回ごとの介入額が顕著に大きくなった。当時、旧大蔵省において国際金融局長(現在の国際局長に相当)を務めていた榊原英資氏の説明によると、これは介入の頻度を減らす分、一回ごとの金額を増やすことにより、サプライズ効果を高めることを狙ったものだった(榊原 二〇〇〇)。この時期には、他の先進諸国においても国際資本移動の活発化により従来型の為替介入の効果が低下し、通貨当局を悩ませていた。その後、諸外国は効果が不明瞭で副作用が生じやすい為替介入に頼らない経済運営にシフトしていったが、日本は逆の方向に舵を切ったわけである。

しかし図表1-1に示したように、当時は極端な円高状態にあったため、政策担当者が為替介入の手法を工夫することによってその効果を高めようとしたことには一定の合理性があった。その後、榊原氏は財務官として一九九九年半ばまで為替介入の陣頭指揮をとることになるが、為替レートが均衡水準からかけ離れているときを狙って介入し、為替介入と他の政策を組み合わせたり、外国当局との協調介入を演出したりといった工夫も行っている。また、その後の行き過ぎた円安に対しても円買い介入によって応じたため、在任中のネットの外貨の買い越し額はごくわずかにとどまった。その意味で、榊原氏の為替介入はバランスのとれたものだったと言える。

しかし榊原氏の後任の黒田東彦氏は財務官就任直後から円買い一本やりの介入をくり返し、在任中に一三・六兆円もの外貨を購入している。のちの日銀総裁としての行動にも表れているように、同氏は金融市場と対話しながら慎重に政策を運営するタイプではなく、力で市場をねじ伏せようとする傾向が強い。均衡為替レートを十分に意識せず、外国の協力なしに巨額の単独介入が頻繁に行われるようになったのもこの時期からである。しかしそれ以前に大規模介入やサプライズ介入の実績がなかったとしたら、黒田氏であっても就任直後からこうした政策に邁進することは難しかったはずである。黒田氏の手法は明らかに溝口氏に受け継がれ、民主党政権下で巨額で場当たり的な為替介入が実施される下地にもなったと思われる。

二〇一一年秋の大介入に関して皮肉だったのは、それを率いた安住氏が民主党きっての財政タカ派だったことである。安住氏は財務大臣就任前から消費税率引き上げや震災復興増税に積極的で、当時の野田首相とともに経済成長と財政再建の両立を訴えていた。しかし安住氏がこのときの為替介入で売却した九兆円は、当時の法人税収約一年分に匹敵する途方もない金額だった。

安住氏は円で借金をして外貨を買っても財政とは無関係だと考えたのかも知れないが、次章で解説するように、それは誤りである。為替介入が行われると政府の円負債と外貨資産がともに増加して為替リスクが増加するという問題を別としても、現行の政府会計規則の下では、外為特会の資産が増加するほど一般会計の財政規律が弛緩する。安住氏がそのことを理解した上で為替介入を指示していたかどうかは疑問である。

4　諸外国の為替介入

本章の最後に、日本と諸外国における為替介入に関する方針と実績を比較しておこう。図表1-5は、変動相場制を採用している先進国における為替介入の実施主体と近年の実績をまとめたものである。一般に、経済規模が大きい国ほど対外経済取引が自国に与える影響が小さいので、為替介入に頼る必要性も低いはずである。この表では、経済規模が大きい順に国(地域)を並べている。

図表 1-5　主要国の為替介入の実施状況

国・地域	為替介入の決定主体	為替介入の実績
アメリカ	政府．伝統的に中銀と資金を折半．中銀も独自に介入可能．	1996 年以降なし
ユーロ圏	欧州中央銀行．ただし事前にユーログループの了解が必要．	2000 年に数回行われたのみ
日本	政府．	あり
イギリス	政府．中銀も独自に介入可能．	1993 年以降なし
カナダ	政府．中銀と協議の上で決定．	1999 年以降なし
韓国	政府．	あり
オーストラリア	中央銀行．	近年はリーマン・ショック前後の時期以外実績なし
スウェーデン	中央銀行．	2002 年以降なし

（注）為替介入の実績は外国の依頼による協調介入をのぞく．
（出所）熊倉(2012)をもとにアップデート．

図表1-5に示した国々の中には政府（財務当局）が為替介入に関与している国が多いが、日本と韓国以外の国々では中央銀行も独自に為替介入を行う権限を有するか、政府が中央銀行と協議した上で介入の判断を行っている。オーストラリアとスウェーデンでは中央銀行に為替介入の権限と責任が集中し、政府が独自に介入を実施することはない。

これらの国の中で若干の説明を要するのはユーロ圏だろう。一九九九年に単一通貨が発足した時点ではユーロ圏の通貨政策の決定権がどこに存在するのかが不明確だったが、発足後にユーロ安が続く中、為替介入の必要性が意識され、関係部局の間で協議が行われた。その結果、欧州中央銀行（ECB）と加盟国の中央銀行によって構成されるユーロシステムが為替介入に関する最終的な判断・実施権を有すること、ただし事前にユーログループ(加盟国の財務大臣会議)から了解を得ること、事後に詳細な報告を行うことが取り決められた(Henning 2007)。

したがってユーロ圏の為替介入は、財務当局のサポートを確保しながら中央銀行が中心になって実施するものだと言える。ただしこのしくみは現実にはうまく機能しなかった。ECBは二〇〇〇年九月二二日と一一月初旬にユーロ買いの為替介入を実施した。当時のユーロの為替相場は明らかに安すぎ、他の主要国からも懸念の声が上がっていたため、九月の介入はG7協調介入の形で実施された(日本も参加している)。しかし一一月の介入は単独介入であり、ユーログループへの通告が直前まで行われなかったことが大きな問題になった。

より本質的な問題として、ユーロ圏の国々の中には、中央銀行の独立性を重視するドイツのような国と、日本と同様に政府があらゆる政策に関与したがるフランスのような国が含まれている。これらの国々の意見を迅速に集約して効果的な為替介入を実施することは難しく、ECBはその後一切為替介入を実施していない。

他の国々に関しても、一九九〇年代後半以降は為替介入を手控える国が増え、図表1-5に示した国々のうち、過去一〇年間に自国のイニシアティブによる為替介入の実績があるのは日本と韓国だけである。多くの先進国において「介入離れ」が進んだのは、先述したように、①それが理論的にも実証的にも効果を持ちにくい政策であること、②効果を持たせる目的でむやみに規模を拡大すると、為替市場や金融市場を不安定化させること、③それが金融政策や公的部門の財務管理の障害になりうることが認識されるようになったことによるものである。

たとえば、アメリカにおいても財務省が通貨政策の主たる権限を有しているが、日本とは異なり、為替介入のために公債を発行することは許されていない。また、米連邦準備制度理事会（FRB）の政策決定機関である連邦公開市場委員会（FOMC）の中には財務省の通貨政策に協力することによって金融政策の独立性が浸食されることを嫌う人物が多く、そうした傾向は近年いっそう強まっている(Bordo et al. 2015)。したがって、かつてのように財務次官の交代とともに通貨政策が大きく変化する可能性は小さくなっている。

また、多くの国々において公的部門の情報公開が進み、政策の説明責任や財政管理の重要性に対する意識が高まったことも為替介入を難しくしている。かつてはどの国においても為替介入は秘密裡に行う方が効果的だと考えられていたが、今日ではこうした考えは通用しなくなっている。図表1-5に示した国々のうち、ユーロ圏とカナダ、スウェーデンの当局は介入実施と同時に介入が行われたことを公表することを約束しており、他のほとんどの国々も短期間のタイムラグを経て公表している。韓国だけはこれまで為替介入の情報を一切公表してこなかったが、アメリカやIMFの強い要請により、二〇一九年後半におおまかなデータの公表を開始することになっている。

日本政府は為替介入の統計こそ公表しているが、詳細なデータは四半期分がまとめて発表され、リアルタイムで介入の事実を公表するか否かは政策担当者の判断に任されている。また、事後的にも介入時の為替レートが公表されないため、その効果を厳密に検証することが難しい。国内では依然として、為替介入なしには為替相場が不安定になるとか、情報を公開しすぎると介入の効果が失われるといった考えが根強いが、現実のデータがそれを否定していることは図表1-2において見たとおりである。

ここで採り上げた国々のうち、スウェーデンはもっとも経済規模が小さく、しかも海外との経済的な結びつきが日本より格段に強い国である。* しかし同国では通貨政策が金融政策の一部として明確に位置づけられ、為替介入の判断は金利の操作と同じく中央銀行の理事会(日銀の政策委員会に相当)の審議事項とされている。

＊ 二〇一六年時点で、スウェーデンの貿易総額のGDP比が約八四%だったのに対し、日本の値は三一%だった。

スウェーデンでは、インフレ目標の達成のために為替介入を検討すべき情勢になった場合、中銀理事会が臨時会合を開くなどして協議し、代表理事と筆頭代表理事の二名に介入の判断と実施を委任する。その際、為替介入が要請される理由を明示した上で、介入の期間や方法の大枠も決定し、ただちに公表することになっている。現実に二〇一六年にそうした手続きが採られたが、本稿の執筆時点で介入の実績はない。

スウェーデン中銀も、こうした手続きを踏むことによって為替介入のタイミングが遅れたり、その効果が減殺されたりする可能性があることは認識している。しかし日本のように目的を達成するためなら何をしてもよいとか都合の悪い情報を隠避しても構わないといった考え方をとらず、事後的に国会や国民が政策を客観的に評価できるよう配慮している。

スウェーデンのような政策運営は今日の日本において現実的でないと考える人が多いだろうが、他の先進諸国においてもそうした政策が主流になりつつあることは認識されてよい。当局が十分な情報開示と説明責任を負うことなしには、国民が政策を評価できないし、過去の失敗から学んで政策の質を高めてゆくことができない。このことは次章以降でもくり返し指摘することになる。

第２章　通貨政策２
――投資ファンド化が進む外国為替資金特別会計――

第一章で解説したように、財務省は過去にしばしば巨額の為替介入を通じてドルなどの外貨を購入してきた。これらの外貨は外国の銀行預金や債券などの形で運用されているが、それらが生む利息やクーポン収入も円に換えずに再投資されている。その結果、二〇一八年末時点で日本の公的外貨準備の残高は一・二七兆ドル余り（当時の為替レートで約一二八兆円）に達している。

日本では公的外貨準備を石油の備蓄のように多ければ多いほど安心だと考える人がいるが、こうした考えは誤りである。当局が為替レートを安定させるための原資として大量の外貨を抱え込むことは非効率な上にリスクが大きいため、欧米のほとんどの先進諸国は少額の外貨準備しか保有していない。中国や韓国は日本と同様に多額の外貨準備を保有しているが、それはこれらの国々において適切な財務管理が行われていないからである。

また、当局が目的のはっきりしない外貨を大量に保有していると、それを戦略的な(＝政治的に都合の良い)目的に活用しようという声が必ず上がってくる。二〇〇〇年代に入って中国や韓国の政府が投資ファンドを設立して積極的な海外投資を行うようになったのはそのためだが、日本の外貨準備も少しずつそれに近い性質を帯びつつある。*

＊ 公的外貨準備は、通貨当局が対外支払いや為替介入のために流動性の高い資産の形で保有している外貨を意味する。そうした外貨が長期投資や戦略投資に流用されると外貨準備の統計からは除外されるが、後述するように、両者の境界は現実には曖昧である。

より深刻な問題として、日本の外貨準備の大半を管理する外国為替資金特別会計(外為特会)は、今日では内部にリスクをため込みながら一般会計に資金を融通する子会社のようになってしまっている。あまり知られていないが、外為特会が巨額の外貨を抱えていることは日本政府の財政再建意欲を後退させる効果を持っており、きわめて好ましくない状況にある。本章ではこれらの点について解説する。

1 外国為替資金特別会計のしくみ

本来、一国の政策を網羅的に把握して財政の健全性を確保するためには、政府のすべての取引を単一の会計において記録することが望ましい。しかし日本の財政法は、政府の事業が多岐に渡ること、単一会計では個々の事業の状況が不明瞭になることを理由として、一般会計から独立した特別会計の設置を認めている。外為特会は本書の執筆時点で一三ある国の特別会計の一つであり、「政府の行う外国為替等の売買等を円滑にするために外国為替資金を置き、その運営に関する経理を明確にする」ことを目的としている。* 政府の通常業務において外貨が必要になることは少ないので、ここでいう「外国為替等の売買」はもっぱら為替介入のことだと考えてよい。

* 特別会計法(第七一条)。

為替介入は政府の業務の中できわめて特殊なものなので、その資金を一般会計と区別して管理することは自然である。問題は、外為特会の経理が業務の性質に見合う方法で行われているか、それを一般会計と区分することによって両者の健全性がかえって損なわれていないかということである。外為特会では二〇一四年度に会計規則の改正が行われたが、その意味を理解するためにはそれ以前の経理の方法について知る必要がある。*

＊　外為特会は外国為替資金（外為資金）というファンドを管理する会計である。外為特会と外為資金は概念的には別物だが、以下では便宜的にこれらを区別せずに説明する。

図表2-1は、二〇一三年度以前の外為特会の経理のしくみを簡略化して示したものである。他の政府会計と同様に、すべての経理は円建てで行われる。また、簿価原則にもとづく経理が行われるため、年度内に為替レートや保有資産の市場価格が変化しても、それらは年度末の損益計算には反映されない。これらのことは二〇一四年度以降も変わっていない。

上段の①は、ある会計年度の期初の外為特会のバランスシートを表している。外国為替資金証券（為券）というFBを売って円資金を調達し、それを売って得た外貨を運用するという業務の性質上、バランスシートの資産（左側）の多くは外貨建ての資産、負債と純資産（右側）の主たる項目は過去に発行した為券の残高である。簿価会計なので、ここに示した外貨資産は時価の残高ではなく、過去にそれらを購入した時点の円相当額を積み上げたものである。＊　ただし二〇一三年度までは、簿価の残高が時価相当分と含み損益に区分されていたので、為替レートの変動によってどれだけの損益が発生しているかを確かめることができていた。「円預け金」と「積立金」については後述する。

②は当該年度の損益計算書である。* 左側の収益のほとんどは外貨資産の運用益である。通常、

* これらは実際に支払った金額とは必ずしも一致しないが、この点の説明は省略する。熊倉(二〇一二)参照。

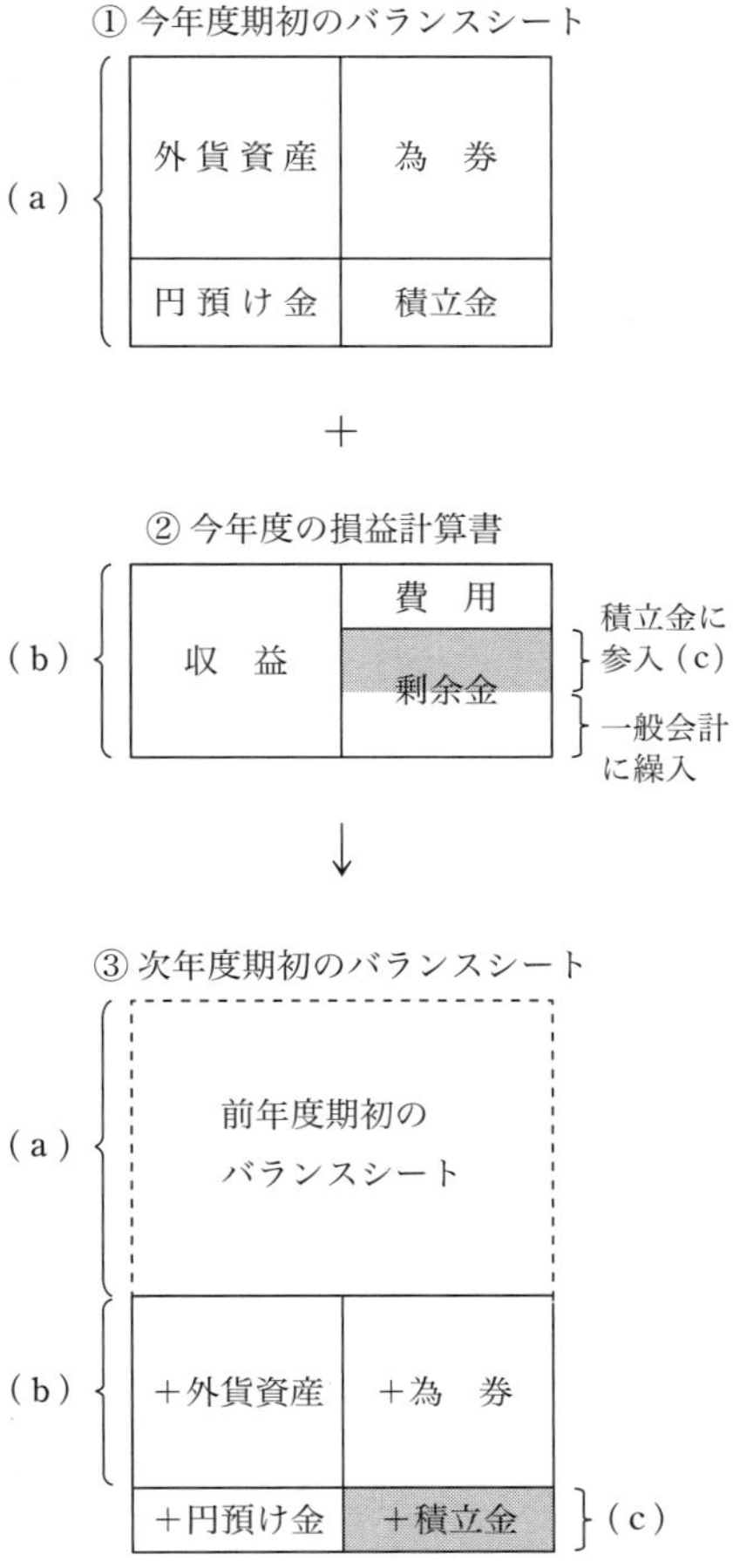

図表 2-1 従来の外国為替資金特別会計の経理

運用益とは、利息収入などのインカム・ゲインと、保有資産の市場価値の変動によるキャピタル・ゲインの和を意味する。しかし外為特会の決算では後者がカウントされないので、運用益は必ず正の値になる。一方、費用の大半は為券の再発行(ロールオーバー)費用である。第一章で説明したように、為券は満期三か月程度の割引債なので、頻繁に償還と再発行を行う必要があり、売り出し価格と償還額の差が再発行費用に相当する。しかし本書の執筆時点では短期金利がマイナスになっているので、再発行費用は発生せず、為券の発行残高が多いほどむしろ収益が増える構造になっている。

＊ 損益計算書を図示する場合、収益を右側、費用と利益を左側に示すことが多いが、ここでは説明の便宜のために逆に配置している。

政府会計では、収益から費用を引いた利益が剰余金と呼ばれている。外為特会では収益が必ず正になり、現状では費用がほとんどゼロなので、剰余金も正の値になる。後に見るように、最近はその値が三兆円前後に上っているが、これは消費税一%分の税収を大幅に上回る金額である。

ただしここで注意したいのは、上記の剰余金があくまでも計算上の利益にすぎず、それに対応する円の現金が存在するわけではないことである。収益の大半が外貨の運用益である以上、当然それらは外貨で入ってくるし、財務省はそれを外貨のまま再投資している。したがって外為特会の運用益は保有外貨の残高を増やすだけで、それを他の目的に利用することはできない。

ところが二〇一三年度まで、外為特会の剰余金は他の政府会計の剰余金と同様に扱われ、決算時にその全額に関して使途を定めて処分する決まりになっていた。具体的には、一九八〇年度決算分まではすべての剰余金を外為特会自身の積立金に組み入れていたが、一九八一年度決算分からその一部が翌会計年度の一般会計歳入に繰り入れられるようになった。後に見るように、今日では毎年度の予算編成の段階で相当額の繰り入れが予定されるようになっている。

一方、積立金とは、外為特会の健全な運営を担保することを目的としたもので、表面的には他の特別会計の積立金と同じ性質のものである。この積立金は、その全額が別の特別会計である財政投融資特別会計(財投特会)が管理する財政融資資金に預託されてきた。* それが図表2-1の「円預け金」である。財政融資資金への預託金の多くは七年超の長期預託金であり、しかも満期を迎えるたびに再預託されることが常態化していたため、実質的に恒久的な預け金になっていた。

＊　財投特会には財政融資資金勘定、投資勘定、特定国有財産整備勘定の三つの勘定が設けられている。

ただしこれらの中で圧倒的に資産負債残高が多いのは財政融資資金勘定である。

しかし外貨で入ってくる収益がすべて外貨のまま再投資されているのに、なぜ外為特会の剰余金を一般会計に繰り入れたり財投特会に預託したりすることができたのだろうか。それは、財務省が為替介入のために発行する為券とはまったく別に、毎年度に図表2-1②の(b)に相当する分だけ新たな為券を発行し、円資金を調達してきたからである。

その下の③に示されているように、こうした処理を行う以上、仮にある会計年度中に為替介入がまったく行われなかったとしても、翌年度の期初までに為券の発行残高は(b)の分だけ必ず増加する。剰余金のうち(c)の分を積立金に繰り入れる場合、その分だけ積立金と預け金の残高が増加するため、外為特会の総資産はさらに増加する。つまり、財務省が巨額の円買い介入を余儀なくされるような特殊な事態が発生しない限り、外為特会のバランスシートは無制限に膨張してゆくしくみになっていたのである。

経済や会計の知識が少しでもある人なら、こうした経理がおかしいことが分かるはずである。大きな問題は二つある。

その一つは、保有資産の価値の変動を無視して決算を行っていることである。外為特会は、

$$\text{式(2-1)}\quad 1+\text{自国の金利} = \frac{\text{将来の為替レートの予想値}}{\text{現在の為替レート}}\times(1+\text{外国の金利})$$

$$\text{式(2-2)}\quad 1+\text{自国の金利} > \frac{\text{先物の為替レート}}{\text{現在の為替レート}}\times(1+\text{外国の金利})$$

その本来の目的がどうであれ、事後的には政府が借金して調達した円資金を外貨で運用する投資ファンドになる。投資ファンドの成績を計算する際、インカム・ゲインだけをカウントして、キャピタル・ゲイン(やロス)を無視することはありえない。

上の式(2-1)は第一章の式(1-1)を再掲したものである。この式を外為特会に当てはめると、左辺が円資金の調達費用、右辺が円建てで評価した外貨資産の収益に対応する。為替レートの変動を無視する場合、日本の金利が外国の金利より低い限り、ネットの利息収入は必ず正になる。しかし式(2-1)によると、日本の金利が外国の金利より低いときには、現在から将来にかけて円高が進むことを多くの人が予想しているはずである。したがって利息の受け払いだけに関して計算した利益が増えているときには、外貨資産の含み損が増加していることが多いはずであり、後者を無視して決算を行うことは不健全である。

第二の問題は、計算上の利益が生じているだけで、処分すべき円の現金が存在しないにもかかわらず、新たに為券を発行してそれを一般会計と財投特会に繰り入れてきたことである。一般会計において歳入が不足する場合、長期国債を発行して賄うのがルールである。そして赤字国債を発行するためには、特例公債法を成立させた上で、予算書に発行予定額と償還計画を明示して国会の承認を得なければならない。一般会計の資金不足は当該年度中に解消するような性質のものでないから、発行が許されているのは償還期間二〜四〇年の国債だけである。

一方、前章で解説したように、為券を含むＦＢは、基本的に同一会計年度内の歳入と歳出のタイミングのずれを埋めるために発行される融通証券である。ＦＢの発行上限も毎会計年度の予算書の中に一応書き込まれているが、それが国会で議論の対象になることはまずない。外為特会が満期三か月のＦＢを発行して調達した資金を一般会計に繰り入れてきたということは、短期の借入金が長期の負債に化けてしまい、それが一般会計の歳入不足の帳尻合わせに流用されてきたことを意味している。

同じことは積立金に関しても言える。外為特会だけに注目した場合、積立金はないよりあった方が安心できそうである。しかし先の説明から分かるように、この積立金は毎年の利益を留保して積み上げたものではなく、新たに債券を発行して調達した借金である。しかも最近まで、その全額が財投特会に預託されていた。財投特会は自ら長期債を発行して資金を調達し、それを超長期の社会的プロジェクトに投じることを目的とした会計だが、その一部が満期三か月の短期資金によって賄われていたことになる。なお、財投特会から一般会計や他の特別会計に対しても多額の融資や金銭預託が行われているので、こうした問題はあらゆる政府会計に及んでいる。

上記のしくみは明らかにおかしいが、こうした経理が行われてきたのは、戦後の固定為替相場制度時代に作った会計制度を改訂せず、目先の都合を優先して運用してきたからである。固定相場制時代には一ドル＝三六〇円の平価を維持することが他のあらゆる政策に優先されていたため、一時的に為替相場が変動して外貨準備に含み損益が発生しても、それを問題視する必要性は乏しかった。また、当時は国際金融投資が厳しく制限されていたので、外国から大量の資金が流入し、外為特会が為替レートの安定化のために巨額の円債を発行するような事態も想定されていなかった。

問題は、一九七〇年代に変動相場制に移行したにもかかわらず、環境の変化に合わせて会計規則と外貨準備の管理方法を見直すことを怠ったことである。図表2-2は、為券の発行残高と外為特会から財投特会への預託金、そして外為特会から一般会計への繰入金の累積額の推移を示したものである。財投預け金の残高がピークにあった二〇〇九年度末時点の為券の発行残

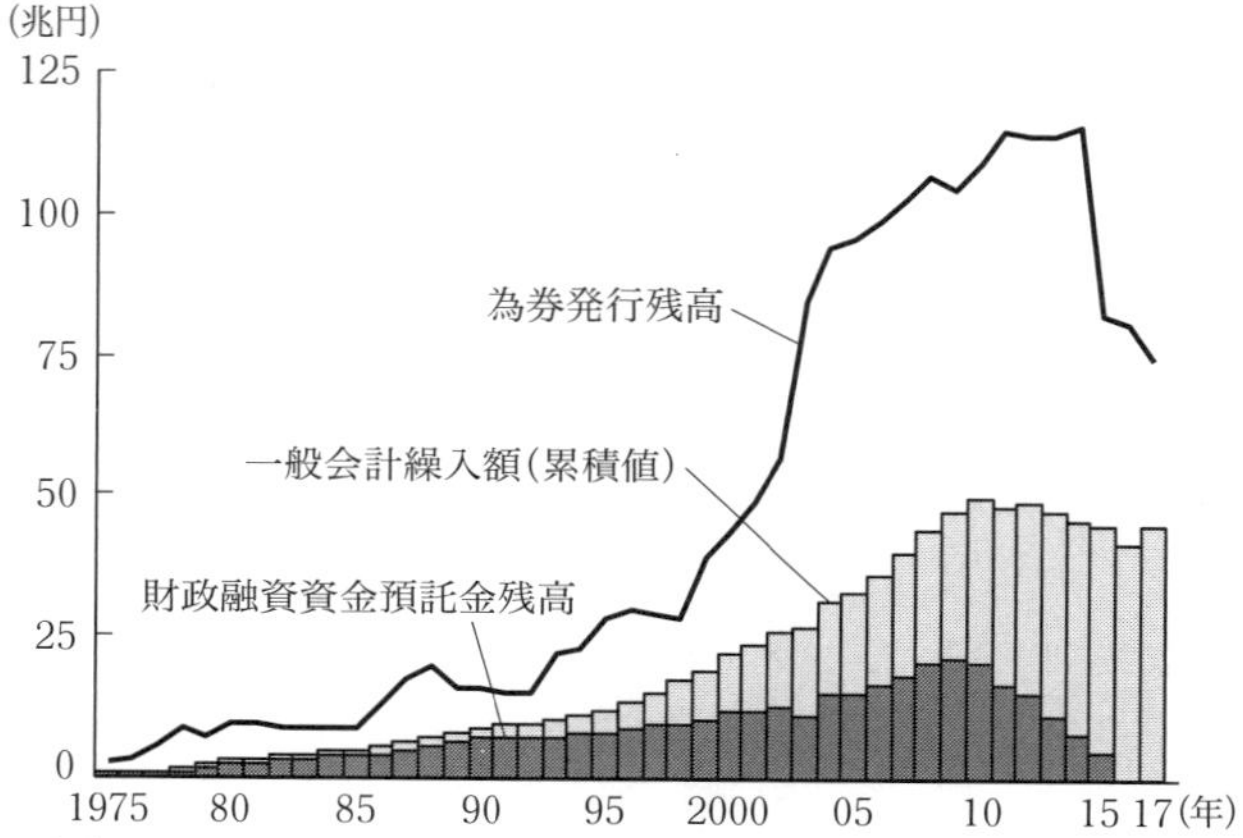

(注) いずれも年度末時点．財政融資資金預託金は2000年度末まで資金運用部預託金．
(出所) 外国為替資金特別会計決算参照書(各年版)．

図表 2-2　外国為替資金証券の発行残高の推移

高は約一〇五兆円であり、預け金と一般会計繰入金の累積値の和は約四七兆円だった。したがって、その時点で発行されていた為券の中で為替介入のために発行されたものは半分強にすぎず、残りは上記の会計処理を行うために発行されたものだった。二〇一〇年度から財投への預け金が減少しはじめ、二〇一五年度には為券の発行残高が顕著に減少しているが、これは特別会計の法改正と会計規則の変更が行われたためである。しかし次節で解説するように、これらは本質的な改革ではなく、事態はむしろ好ましくない方向に向かっている。

２　特別会計改革と外為特会の現状

特別会計に関しては、かねてから公務の肥大化の原因や官僚の天下りの温床になっているという批判が絶えず、小泉純一郎内閣の下で全面的な改革が検討されはじめた。そして二〇〇六年に特別会計改革を重点分野の一つとする「行政改革推進法」が制定され、その後五年間に特会の整理と効率化を推進することが謳われた。同法には、企業会計に準拠した財務諸表の公表など、評価すべき内容も含まれていたが、特別会計の余剰資金を一般会計に吸い上げることに主眼が置かれていたこともあり、全体として好ましい方向への制度改革にはならなかった。

行政改革推進法の内容を具体化する形で、二〇〇七年に従前の各特別会計の根拠法を単一の法律に集約した「特別会計に関する法律」が制定された。その中で、剰余金に関しては、「当該剰余金から次章に定めるところにより当該特別会計の積立金として積み立てる金額及び資金に組み入れる金額を控除してなお残余があるときは、これを当該特別会計の翌年度の歳入に繰り入れるものとする」、ただし「前項の規定にかかわらず、同項の翌年度の歳入に繰り入れるものとされる金額の全部又は一部に相当する金額は、予算で定めるところにより、一般会計の歳入に繰り入れることができる」(第八条)と定められた。

その後、自民党から民主党へ政権が交代し、二〇〇九年から二〇一〇年にかけていわゆる「事業仕分け」が実施された。その結果、外為特会に対しては、①財投特会に預託されている積立金を回収して為券の償還に充てる、②外貨運用益を処分するために為券を発行し、負債が積み上がる構造の解消を図る、③剰余金は一定のルールにもとづいて一般会計に繰り入れる、の三点が求められた。これらはいずれも当然の指摘である。

事業仕分けによって外為特会の問題が指摘されたことは画期的だった。自民党政権は外為特会の剰余金を使ってしまうことには熱心でも、同会計が抱える構造的な問題には全くと言ってよいほど関心を示さなかったからである。しかし事業仕分けにおいても、保有資産の評価損を無視して剰余金を計算し、それを一般会計に繰り入れる悪習を停止することまでは求められなかった。それは、この時点で一般会計の外為特会への依存度が膨らみすぎていて、それを停止するとただちに予算編成に支障を来たすことが明らかだったからだろう。実際、リーマン・ショック後の不況の中で税収が激減したこともあり、二〇〇九年度と二〇一〇年度の剰余金は全額が翌年度と翌々年度の一般会計に繰り入れられている。

上記の事業仕分けの要請の①に関して、財務省は、翌二〇一一年度より既存の財投預託金のうち満期が訪れたものの再預託を停止し、為券の償還に充当することにした。②に関しては、新たに発生する運用益を外為特会に留保する際、為券を発行して円資金を調達しないですむよう法改正を検討することにした。

最後の③に関しては、二〇一〇年一二月に財務省から「外国為替資金特別会計の剰余金の一般会計繰入ルールについて」という文書が発表されている。それを見ると、「外為特会の積立金が中長期的な必要水準（現在の試算では、保有外貨資産の約三〇％）に達していないことから、当分の間、毎年度の剰余金の三〇％以上を外為特会に留保し、積立金の保有外貨資産に対する割合を中長期的な必要水準に向け高めていくことを基本としつつ、外為特会の財務状況や一般会計の財政状況も勘案して一般会計繰入額を決定する」とされている。

財務省は従前から「外為特会が円高によって債務超過に陥らないようにするために外貨資産の三〇％の積立金が必要」だと説明していたので、上記のルールは必ずしも新しいものでなかった。後述する諸外国の政策を鑑みると、為替レートが円安のときも円高のときも三〇％の積立金でよいというルールは大雑把すぎるが、それより大きな問題は、こうした内部留保の必要性が理解されていながら、毎年の一般会計の帳尻合わせが優先されてきたことである。上記の文書においても、先の規定のすぐのちに「ただし、現行の中期財政フレームの期間（二〇一一年度予算から二〇一三年度予算まで）においては、外為特会の内部留保額を段階的に増やしていくことを目指しつつ、一般会計の財政事情に最大限配慮し、剰余金の一般会計への全額繰入も含めて検討する」と記され、内部留保の積み増しを棚上げにすることが宣言されている。

その後、二〇一二年末に自民党が政権に復帰したが、特会改革の基本方針は継承され、二〇一三年一一月に「特別会計に関する法律等の一部を改正する等の法律」が成立した。その結果、外為特会では積立金の制度が廃止され、毎年の剰余金を外貨のまま留保することができるようになった。また、外為特会の外貨の運用効率を高めることを目的として、民間金融機関に運用を委託することを可能にする条文が追加された。

けっきょく一連の特別会計改革によって外為特会が変わった点は、簿価会計にもとづく決算資料に加えて時価ベースの財務諸表が作られるようになったことと、財投会計への預託が行われなくなったことだけである。時価ベースの財務諸表と言っても、外貨がほとんど関与しない他の特別会計と同一の様式にもとづくものであり、次節で紹介する諸外国の情報公開に比べると見劣りする。

そして何より深刻な問題は、外為特会が保有資産の含み損益を無視して毎年の利益を計算し、それを一般会計に繰り入れるために新たな借金を重ねるという、どう考えてもおかしなしくみに何ら制約が課されなかったことである。仮に外為特会の財務状況が健全だったとしても、財務省が外貨を売らずに一般会計への繰入を行うためには、必ず新規の為券の発行が必要になる。したがって一般会計の歳出の一部が短期借入金によってファイナンスされる構図は変わっていない。

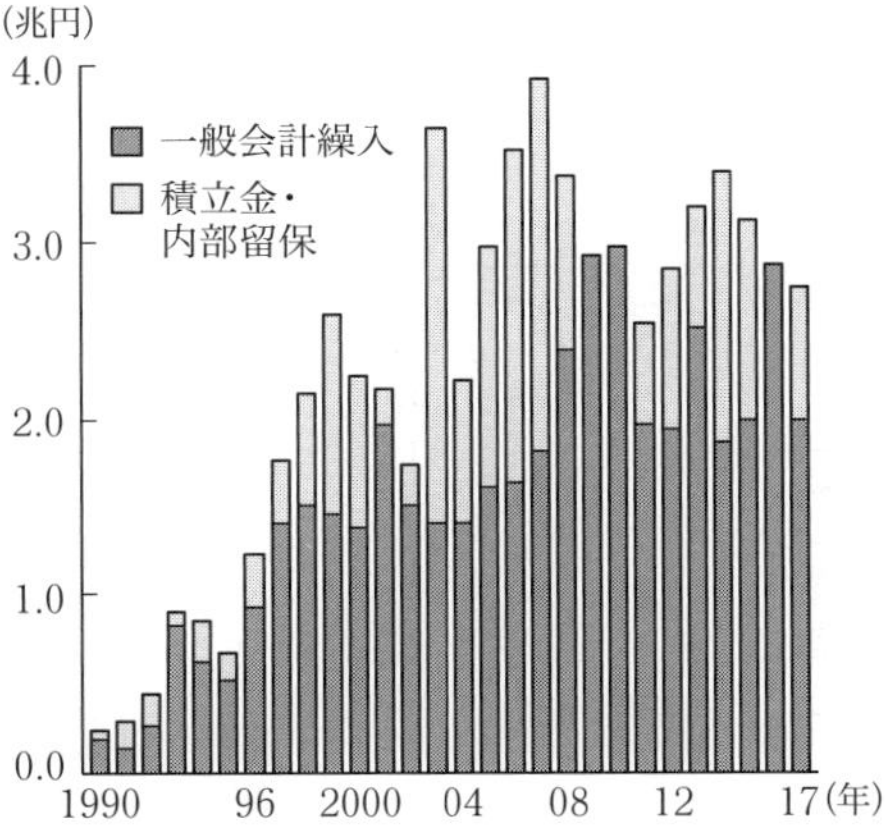

(注) いずれも年度ベース. この図に示したもの以外に特例法による一般会計への繰入もしばしば実施されている.
(出所) 図表2-2に同じ.

図表2-3 外国為替資金特別会計の剰余金の使途

ここで図表2-3を見てみよう。先述したように、二〇〇九~二〇一〇年度の剰余金はすべて一般会計に繰り入れられたが、これはリーマン・ショック後の不況に東日本大震災が追い打ちをかけた特殊な時期だったため、やむを得ない処置だったかも知れない。しかし二〇一六年度の剰余金もまったく外為特会に留保されず、全額が翌年度と翌々年度の一般会計に繰り入れられている。この時期は景気も順調であり、外為特会の内部留保(純資産)も保有外貨の三〇%を下回っていた。それでも全額繰入が強行されたのは、消費税率引き上げを先送りしたことにより、一般会計の歳入に大きな穴が空いてしまったからだろう。

本書の執筆時点では短期金利がマイナスなので、一般会計から発行する長期債の金額を抑え、代わりにFBを発行するほうが目先の財政運営には貢献する。しかし以下で見るように、政府が長期債を発行して調達すべき資金の一部が短期借入金によって代替されると、財政全体の脆弱性は高まってゆく。

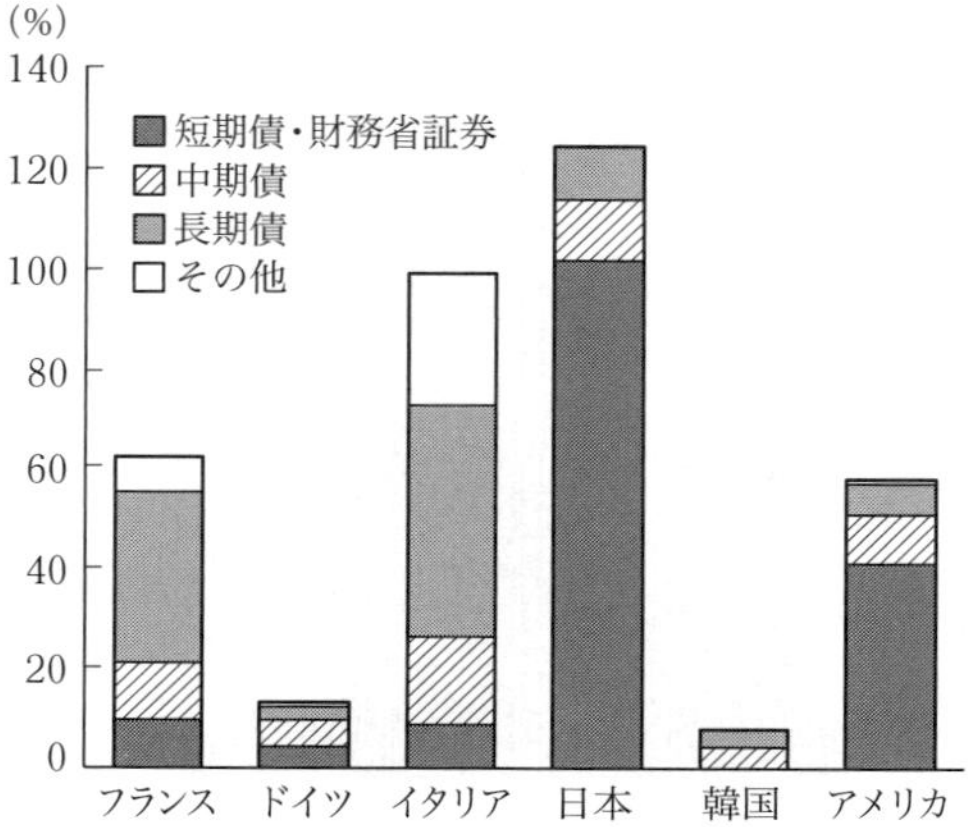

(注) 日本のみ2009年，他の国々は2010年の実績．短期債，中期債，長期債はそれぞれ償還期間1年以下，1〜5年，5年以上の固定利付債券ないし割引債券．「その他」は変動利付債や物価連動債など．
(出所) OECD, *Central Government Debt Statistics 2012* をもとに集計．

図表2-4 主要国の中央政府債発行額の対GDP比

図表2-4は、やや古いデータになるが、二〇一〇年の一年間に主要先進国の中央政府が

GDP比でどれだけの公債を発行したかを示したものである。この図の公債発行額はグロスの金額なので、過去に発行した国債を新発債によってロールオーバーする場合、ネットの発行残高が変化していなくてもその分が加算されている。日本の公債発行額のGDP比は他のどの国よりも高いが、これは日本政府の債務が大きいためであり、特に驚くべきことでない。

より注目すべきなのは、他の国々に比べ、日本では公債発行額に占める償還期間一年未満の短期債の比率が非常に高いことである。日本の公債発行額に占める短期債の比率が高いのは、長期債の発行額が少ないからではなく、FBの発行残高が極端に多いからである。一〇年物の国債の発行残高が一〇〇兆円だとすると、毎年の借り換え額は一〇兆円である。一方、三か月物のFBは一年間に四回ロールオーバーが必要なので、残高が一〇〇兆円ならグロスの年間発行額は四〇〇兆円になる。*

＊　アメリカ政府も償還期間一年以内の短期債（T-bill）を大量に発行しているが、これは同国の短期金融市場においてT-billが中心的役割を果たしていることや、外国の政府や中央銀行の間でT-billに対する需要が大きいことによるところが大きい。

次に、図表2-5は、日本の国債と国庫短期証券を誰が保有しているかを示したものである。

ここで言う国庫短期証券とは、中央政府が発行する償還期間一年以内の債券のことで、FBと短期国債（TB）が含まれる。統計の制約により、この図ではTBを二〇〇八年度まで国債・財投債に、二〇〇九年度以降は国庫短期証券に含めている。ただしTBの残高は三〇兆円程度であり、残りのFBのうち大半が為券である。

上段のグラフによると、日本国債の大半は国内の金融機関と日銀が保有している。しかし二

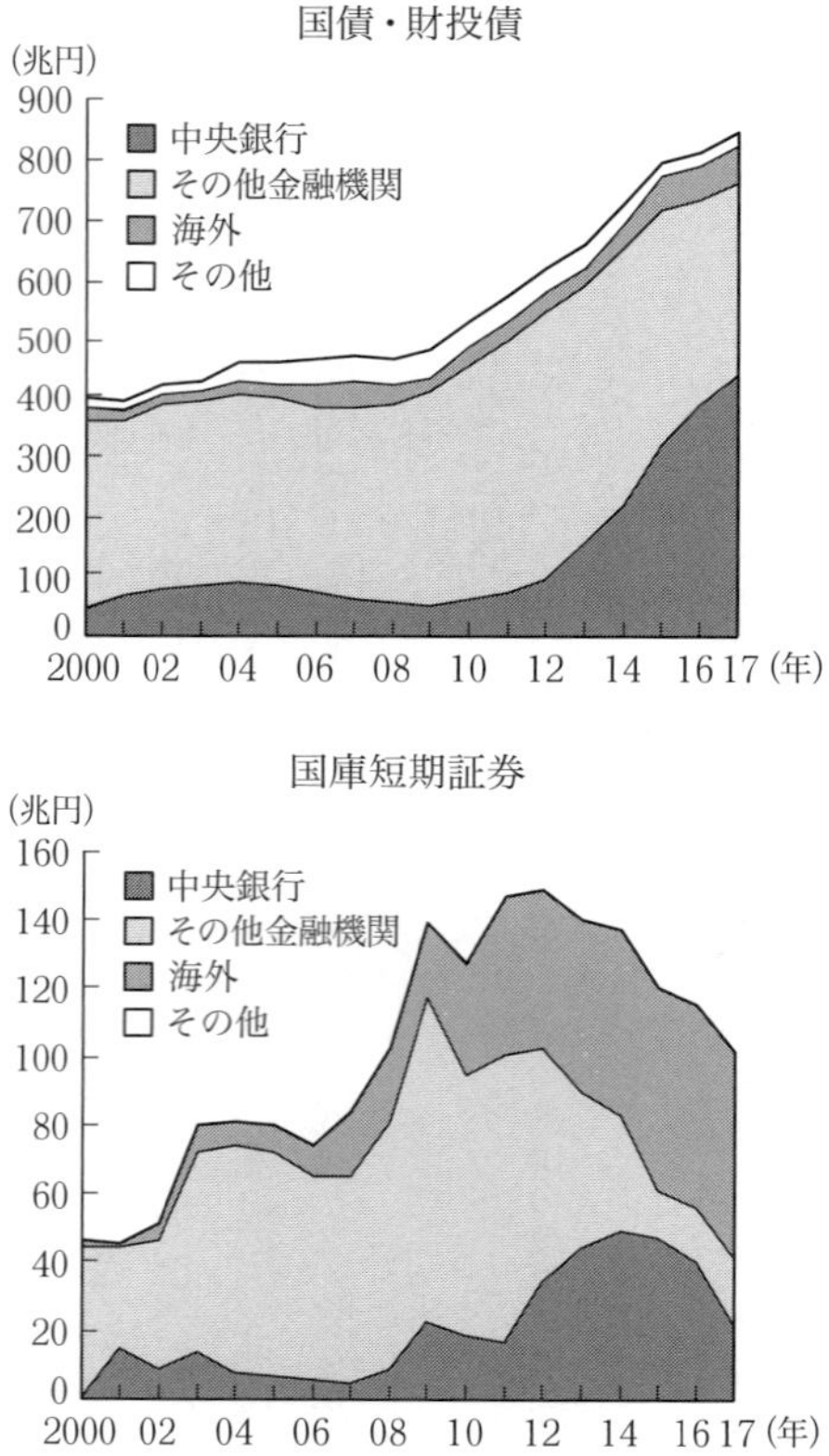

（注）いずれも年度末時点で政府と財投機関の保有分をのぞく．

（出所）日本銀行「資金循環統計」をもとに集計．

図表 2-5　日本の公債の保有者別残高

〇一三年以降、民間金融機関の保有額は減少傾向にあり、増えているのはもっぱら日銀の保有分である。海外部門の保有額が一貫して少ないのは、日本国債の格付けが低下しているにもかかわらず売買価格が高止まりし、とても手を出す気にならなくなっているためだろう。

しかし国庫短期証券に関しては、国内金融機関の保有額が激減する一方、海外部門の保有額が増加している。日本では二〇一六年からマイナス金利政策が実施されているので、ＦＢのような短期債を購入して満期まで保有すると必ず損失を被る。日本の金融機関がＦＢに手を出さなくなったのはそのためである。

しかし日本の金融機関が国債や国庫短期証券の保有を手控えるなら、それらに投じていた資金を別のどこかに振り向ける必要がある。海外はその一つのオプションだが、単純に円資金を外貨に換えて運用すると巨額の為替リスクを抱え込むことになってしまう。そのため、現在と将来の為替取引を組み合わせる為替スワップと呼ばれる取引(現時点でドルなどの外貨を買い、将来の特定時点で売り戻すことを予約する取引)を通じて外貨を調達し、それを海外の資産に投資することが多い。* しかし異次元緩和開始後にはこうしたスワップ取引の需要が大きくなりすぎ、日本の投資家にとって不利な条件でしか海外の金融機関が取引に応じてくれなくなっていた。

＊　同じような為替リスク管理効果を持つ取引として通貨スワップと呼ばれるものもある。

この状態を先の式(2-1)をもとに書き直すと、63ページの式(2-2)のようになる。この式の「先物の為替レート」とは、「現時点で予約可能な将来の通貨売買に適用される為替レート」を意味する。この為替レートが日本の投資家にとって不利、ドルを保有する海外の投資家にとって有利な値になっているということは、左辺の値が右辺の値に比べて大きくなっていることを意味する。

式(2-2)の状態が成立している場合、金利の水準がどうであれ、アメリカで調達したドル資金を円に換えて日本で運用する金融機関は、リスクなしで利益を獲得することができる。日本のFBの利回りがマイナスであるにもかかわらず、海外の投資家がそれを積極的に購入しているのはそのためである。*

* その場合、円をドルに換えて米国債などの低リスク資産を購入する日本の投資家は損失を被る可能性が高い。それでも為替スワップによって調達した資金を海外に持ち出す投資家がいるのは、購入したドルを国債ではなく株式などの高リスク資産に投じているからである。したがって異次元緩和は目先の円安を追求する代償として、日本の投資家に危険な海外投資を強いる政策だと言える。

しかしこうした取引が行われていることは、日本から海外に富が流出していることを意味する。また、日本国債の格付けがあと一、二ランク下落すると、仮に超過収益を得る機会があったとしても、まともな海外投資家は日本政府が発行する債券には手を出さなくなるだろう。そうして為券を含む日本政府債の需給関係が崩れるような事態が発生すると、日銀がそれらを片っ端から買い上げることを余儀なくされる可能性が高い。

3　投資ファンド化が進む外国為替資金

次に、外為特会の外貨がどのように運用されているかを見てみよう。

財務省は、外為特会の外貨に関して「安全性及び流動性に最大限留意した運用を行うこととし、この制約の範囲内で可能な限り収益性を追求するものとする」、「必要とされる各通貨ごとに、流動性・償還確実性が高い国債、政府機関債、国際機関債及び資産担保証券等の債券や、外国中央銀行、信用力が高く流動性供給能力の高い内外金融機関への預金等によって運用する」と説明している。* しかし保有資産の評価損益を無視して剰余金を計算し、それを一般会計に貢ぐことが至上命令になっている状況において、本当に「安全性及び流動性に最大限留意した」運用ができるのだろうか。

＊　財務省ホームページ「外国為替資金特別会計が保有する外貨資産に関する運用について」。

従来、外為特会の資産運用に関してはほとんど情報開示が行われていなかったが、上述した「特別会計に関する法律」の第一九条に「所管大臣は、毎会計年度、その管理する特別会計について、資産及び負債の状況その他の決算に関する財務情報を開示するための書類を企業会計の慣行を参考として作成し、財務大臣に送付しなければならない」と定められたことから、時価原則にもとづく財務諸表が公表されるようになった。この財務諸表は剰余金算出の根拠となる決算書類とは別物だが、それを見ると、外為特会の外貨の運用状況をあるていど理解することができる。図表2-6は、この書類から参考になる計数を抜き出して整理したものである。

まず、一番下の欄に示した運用実績から見てゆこう。この欄の「外貨運用益」はインカム・ゲインだけをもとに計算した利益を意味している。外貨運用益はピーク時の二〇〇七年度には四・三兆円あったが、その後に大きく落ち込んでいる。これは欧米の金融危機後にこれらの国々の金利が急落したためである。

次に、「評価損益」は、保有資産の市場価格と為替レートの変動に起因するキャピタル・ゲイン(ないしロス)を表している。年にもよるが、この金額はインカム・ゲインに比べて変動が圧倒的に大きく、前者を無視して後者だけから利益を計算することが望ましくないことを裏打ちしている。しかしその下の行に示した一般会計への繰入金の金額を見ると、ある年にどれだ

図表 2-6　外為特会の外貨の運用状況(兆円)

年度	2006	2008	2010	2012	2014	2016
外貨資産	96.9 (100.0)	99.5 (100.0)	81.9 (100.0)	103.7 (100.0)	141.4 (100.0)	136.8 (100.0)
外貨預け金	14.5 (15.0)	8.9 (8.9)	1.0 (1.2)	0.7 (0.7)	6.8 (4.8)	13.4 (9.8)
当座預け金	0.7 (0.7)	0.7 (0.7)	0.5 (0.6)	0.1 (0.1)	5.9 (4.2)	11.5 (8.4)
定期預け金	13.8 (14.3)	8.1 (8.2)	0.5 (0.6)	0.6 (0.6)	0.9 (0.6)	1.9 (1.4)
外貨貸付金	0.0 (0.0)	0.5 (0.5)	1.5 (1.8)	3.5 (3.4)	5.9 (4.2)	7.3 (5.4)
外貨証券	82.4 (85.0)	90.0 (90.5)	79.4 (97.0)	99.5 (95.9)	128.7 (91.0)	116.0 (84.8)
外貨証券	82.4 (100.0)	90.0 (100.0)	79.4 (100.0)	99.5 (100.0)	128.7 (100.0)	116.0 (100.0)
外国債	—	61.7 (68.6)	54.7 (68.9)	77.1 (77.5)	102.6 (79.7)	89.3 (77.0)
外国債以外の外貨証券	—	28.3 (31.4)	24.7 (31.1)	22.4 (22.5)	26.1 (20.3)	26.7 (23.0)
償還期間1年以下	—	21.0 (23.3)	8.7 (11.0)	9.8 (9.9)	23.6 (18.3)	17.1 (14.7)
償還期間1～5年	—	45.9 (51.0)	47.4 (59.7)	60.3 (60.6)	70.7 (54.9)	59.4 (51.2)
償還期間5年超	—	23.1 (25.7)	23.3 (29.3)	29.3 (29.5)	34.5 (26.8)	39.6 (34.1)
(参考)証券貸出残高	—	7.6 (8.4)	7.2 (9.1)	9.0 (9.1)	16.6 (12.9)	17.3 (14.9)
外貨運用益	3.7	3.6	2.5	1.9	2.3	2.2
評価損益	4.7	-9.8	-9.4	14.8	15.8	-7.0
一般会計への繰入金	1.6	1.8	3.9	2.0	1.6	1.7
(参考)資産負債差額	16.4	15.8	-7.7	3.2	36.2	30.0

(注) カッコ内の数値はパーセント表示のシェア.
(出所)「外国為替資金特別会計財務書類」をもとに集計.

けのキャピタル・ロスが発生したかということは、一般会計への繰入金の決定にほとんど影響を与えていない。それどころか、二〇一〇年度や二〇一一年度のように、巨額の含み損によって外為特会の資産負債差額がマイナス（つまり債務超過）になったにもかかわらず、特例法を制定して外貨運用益を超える金額が繰り入れられてしまった年もある。

次に、図表2-6の上段に示した外貨資産の内訳を見てみよう。かつては定期預金が比較的大きな比率を占めていたが、二〇〇〇年代末にいったん大半が取り崩されている。これはリーマン・ショックと前後してアメリカの大手銀行の破綻が相次ぎ、それまで安全で流動性が高いと考えていた民間銀行預金が決して安全でないことが理解されたからだろう。海外の通貨当局の中には、外国の中央銀行以外の機関への預金を行っていないケースも多い。

それ以外の大半の資産は外貨証券の形で保有されているが、二〇〇八年度から貸付が開始され、しだいにその額が増加している。これは国際協力銀行（JBIC）を通じて日本の海外進出企業にドル資金を貸し付けるもので、当初はアメリカの金融危機後に日系企業のドル調達が困難になったことに対する応急措置だった。しかしもともと一部の政治家の間で外為特会の外貨の戦略的活用を求める声が強かったことや、財界の強い要請があったことにより、延長と増額がくり返されて今日にいたっている。

このスキームの貸付金利は、ＪＢＩＣや民間企業が自らドルを調達する場合に比べると相当低く、最長で二〇年までの借り入れが可能である。したがってこれは実質的に補助金つきの長期融資であり、財政投融資のドル版のようなものである。ひとたびこの種の貸付が行われると満期まで回収できなくなるので、為替介入には使えなくなる。

最後に、表の中段に示した外貨証券の内訳を見てみよう。発行体別の内訳としては、国債とそれ以外の債券の金額だけが報告され、後者にどのような債券が含まれているかは公表されていない。しかしその中にサブプライム危機時に大問題となった米住宅金融公社の債券やこれらの機関が組成した住宅ローン債券が含まれていたことはほぼ間違いない。＊ 民間銀行預金と同様に、これらは金融危機が表面化するまで米国債と同様の低リスク資産だと考えられていた。アメリカ政府が二〇〇八年にこれらの債券の償還を保証したため、デフォルトは免れたが、事後的に見て安全とは言えない運用が行われていたことは事実である。

＊　二〇〇八年の参議院財政金融委員会において、伊吹文明財務大臣（当時）が相当額の保有を認める発言を行っている。

また、外貨証券の償還期間別内訳を見ると、償還期間が長い債券の比重が少しずつ高まっていることに気付く。これは金融危機後に諸外国の短期金利が引き下げられる中、従来のような短期債中心の運用では必要な剰余金を確保できなくなったからだろう。しかし長期債は短期債に比べて価格の変動が大きい。また、米国債はゼロリスク資産だと考えられる傾向があるが、政府と国会の関係がこじれて償還が危ぶまれる事態は過去に何回も発生している。*

* 過去数年間は償還期間一〜五年の債券が急減する一方、当座預金が大幅に増加している。その理由はよく分からないが、アメリカで利上げが進む中、公債の新規購入のタイミングを見計らっているのかも知れない。

図表2-6の中段の一番下の行には、参考として、外為特会が保有する外貨証券(債券)の中で貸出に出されているものの残高を示した。財務諸表にはこれらの貸出がどのような取引なのかが説明されていないが、所有する米国債等を現先売買(現在の売却と将来の買戻しの組み合わせ)などの形で相対的に高リスク・高リターンの証券に入れ替え、利鞘を稼いでいるのだと思われる。アメリカでは、さまざまな金融機関が特定の決済銀行を介して毎日資産の現先取引をくり返す三者レポ(tri-party repo)と呼ばれる取引が盛んに行われている。三者レポでは決済銀行が売買資産の選択や管理まで引き受けてくれるので、手数料さえ支払えば、十分なノウハウを持たない機関でも参加することができる。

しかしこの種の取引も潜在的には大きなリスクを孕んでいる。現先取引の相手機関が破綻した場合、優良資産の出し手は相対的に質の劣る資産を抱え込むことになるだけでなく、それを適切な価格で処分できる保証もない。事実、リーマン・ショック前後にアメリカの金融市場が動揺したときには、レポ市場の流動性が一気に低下し、資産の投げ売りが行われた。このときにも財務省は冷や汗をかいたはずである。

証券貸出には他にも問題がある。先述のとおり、財務省は、外貨を「国債、政府機関債、国際機関債及び資産担保証券等の債券や、外国中央銀行、信用力が高く流動性供給能力の高い内外金融機関への預金等」によって運用することになっている。しかし信用力の高い国債がレポ取引を通じて信用度の低い資産に化けてしまえば、こうした方針は有名無実化し、実質的にどのような運用が行われているのかが分からなくなってしまう。実際、三者レポにおける優良資産の出し手は、自分の資産がどのような資産に入れ替えられているのかを十分に把握していないケースが少なくないようである。

しかし、外為特会の証券貸出の残高はその後も増加を続けている。二〇一六年末時点で保有債券の約一五％が貸し出され、同年度の証券貸出からの収益は約六二〇〇億円に上っている。これを止めると剰余金が相当減少するはずだから、もはや止めることは難しいだろう。また、アメリカの短期金融市場ではレポ取引が重要な役割を果たしているので、大口の投資家がそれをレポに出さずに抱え込んでしまうと、平時でも市場がうまく機能しなくなる。そのため、米当局も外国の通貨当局にレポ市場への参加を呼びかけているようである。これらのことから、日本の財務省のような公的機関が、安全性と流動性を確保しながら一〇〇兆円を超える巨額の外貨を運用することが非常に難しいことが分かるだろう。

図表2-6には示していないが、外為特会の運用には他にも注意を要することがある。たとえば、先に触れたように、財務省は二〇一四年に外貨の民間業者への運用委託を開始した。本書の執筆時点で委託額は四〇〇〇億円余りと少額だが、委託期間中は保有資産を取り崩すことができないので、JBICを通じた貸出金と同様に、この分ももはや外貨準備とは言えない。

最後に、これも比較的少額だが、最近は外貨の一部が為替スワップを通じて恒常的に円に兌換されている。それが何を意図したものなのかはよく分からないが、先に説明したように、最近は外貨の保有者がスワップを通じて利鞘を稼げる状況にあった。しかし無計画な為替介入によって外貨準備が過剰になっているのなら、それを売却し、為券を少しでも償還するのが筋であろう。

4 諸外国の外貨準備の管理体制

最後に、日本と外国の外貨準備の管理状況を比較してみよう。

図表2-7は、第一章で採り上げた国々に関して、二〇一六年末時点の公的外貨準備の残高とそのGDPに対する比率を比較したものである。カッコ内の数値は、外貨の残高からその後一年間に予定されていた海外との外貨のやりとりの金額を引いた値である。当局が有事の備えとして外貨を保有し、同時にそれが生む為替リスクを回避したければ、外貨建ての公債を発行するか、先述した為替スワップなどを通じて外貨を調達すればよい。したがってグロスの残高に比べてカッコ内の数値が小さい国ほど当局が

図表 2-7　主要国の公的外貨準備の残高

国・地域	金額(10億ドル)		GDPに対する比率(%)	
アメリカ	39	(33)	0.2	(0.2)
ユーロ圏	53	(53)	0.4	(0.4)
日本	1,158	(1,191)	23.4	(24.1)
イギリス	112	(66)	4.2	(2.5)
カナダ	73	(63)	4.8	(4.1)
韓国	361	(401)	25.6	(28.4)
オーストラリア	45	(33)	3.6	(2.6)
スウェーデン	52	(42)	10.0	(8.2)

（注）いずれも2016年末時点で金やSDRを除く．カッコ内の数値は今後1年以内に予定されている受け払い額を控除した値．ユーロ圏の数値はECB保有分のみ．
（出所）IMF, *World Economic Outlook Database* 及び *International Reserves and Foreign Currency Liquidity* をもとに集計．

公的資産のリスクに気を使っていると考えられる。

この表に示した国々のうち、外貨準備の残高が圧倒的に多いのは日本である。外貨準備残高のGDP比を基準とすると、日本と韓国が二〇%を超えているのに対し、その他の国々の値は一〇%未満にとどまっている。韓国の外貨準備が多いのは、日本と同様に、輸出振興を意図した自国通貨売り介入をくり返してきたためである。

また、日本と韓国では、現時点の残高よりカッコ内の数値の方が大きくなっている。このことは、これらの国々が外貨準備の為替リスクを適切に管理していないことを示唆している。それ以外の国々の中には償還期間が一年を超える外債によって外貨準備をファイナンスしている国も多く、カナダのように当局が為替リスクをほとんど負っていない国もある。

外貨準備の運用体制に関しても、欧米の先進国と日韓の間には大きな違いが見られる。欧米諸国では、政府か中央銀行が外貨準備の基本的な運用方針(ポートフォリオ)を決め、中央銀行がそれをもとに実務を担当しているケースが多い。そうした基本ポートフォリオの要件の例としては、外貨をどの外国通貨にどのような比率で配分するか、預金とそれ以外の資産の比率をどのようにするか、どのような格付けの資産まで許容するかなどが挙げられる。また、デュレーション(保有資産の金利変動に対する感応度)やVaR(ある期間内に一定の確率で生じる損失の最大値)などの指標を用いて外貨準備全体のリスクを定量的にモニターしている国も少なくない。外貨準備が国民の財産である以上、こうしたことが行われるのは当然である。

それに対し、日本では財務省と日銀がそれぞれ外貨を保有し、独立にそれらを管理している。日本の外貨準備の約九五％は外為特会が保有しているが、残りは日銀が自己のバランスシート上で管理している。* また、上述したように、日本の外為特会は他の国々とは比べ物にならないほど巨額の外貨を保有しているにもかかわらず、欧米諸国のような基本ポートフォリオは設定されておらず、当局が取ることのできるリスクの範囲も定められていない。

＊　日銀の外貨は自らの意思で買い集めたものではなく、過去に政府に為替介入用の円資金を用立てた際、担保として預かった外貨の利息が積み上がったものである。

韓国の場合、政府の企画財政部（日本の財務省と旧経済企画庁を合わせたような組織）が為替介入の主たる判断権を有する点は日本と同じだが、日本の財務省のように自由に債券を発行することが許されていないので、韓国銀行が代わりに中央銀行債を発行してウォン売り介入を実施することが多い。また、企画財政部が自己資金を用いて外貨買い介入を実施する場合でも、それによって購入した外貨は韓国銀行に預託され、ウォン建てで一定の利回りを要求しているようである（山本 二〇〇九）。すなわち、韓国では政府が自己裁量で為替介入を実施する一方、それに伴う費用やリスクの大半を中央銀行が引き受けるというきわめて歪な構造になっている。

しかも韓国の通貨当局は、日本政府以上に積極的に外貨を運用している。韓国では外貨準備が流動性維持を目的としたものとリターンを追求するものに分離されているが、大半が後者に属し、その一部は元本保証のない株式に投資されている。また、かつては韓国銀行がすべての外貨準備を運用していたが、二〇〇〇年代に政府が韓国投資公社という投資ファンドを設立し、韓銀に対して外貨準備の一部の運用を委託するよう命じた。無計画な為替介入によって外貨準備が積み上がり、その戦略的活用を名目として投資ファンド化が進むというのは、アジアの国々に共通の現象である。

なお、韓国ではリーマン・ショック後に大量の資金が海外に流出し、アジア通貨危機の再来を思わせる事態が発生した。輸出振興のためにウォン安を放置して対応が遅れたことが一因だったが、このときのエピソードは、当局が大量の外貨を抱えていれば為替レートを管理できるとは限らないことを示唆している。リーマン・ショックと前後してＦＲＢと外国の中央銀行の間で無制限にドルを融通するスワップ協定が締結されたが、こうした形で外国の通貨当局がドルを調達することができれば、平素から大量の外貨準備を持つ必要はなく、その運用や為替リスクの管理に頭を悩ます必要もなくなる。

最後に、外貨準備に係る情報公開についても、欧米諸国と日韓では明らかな相違がある。欧米諸国の中で外貨準備残高のGDP比が比較的高いイギリスやカナダ、オーストラリアやスウェーデンの情報公開は徹底しており、定期的に運用状況を詳細に報告するだけでなく、民間の監査機関や投資アドバイザリー会社に運用体制を評価させている国もある。

それに対し、日本と韓国では保有資産の通貨別内訳すら公表されていない。* 日本の財務省は通貨別内訳を公表すると為替レートに影響が生じるという理由でその開示を拒んでいるが、外貨準備は国民の財産であり、主権者である国民には自分の財産がどのように管理されているかを知る権利がある。

* ただし韓国は米ドルとそれ以外の外貨の内訳を公表しているので、内訳がまったく公表されていないのは日本だけである。

また、財務省が外貨準備の通貨別内訳の公表を拒んでいると言っても、公表された財務諸表をもとにそれを推量することは不可能ではない。信頼性の高い推計は難しいが、外為特会の外貨の大半は当初購入したドルのまま投資されているようである。* ドルが世界の基軸通貨である以上、そうした運用にはやむをえない面があるが、安全保障面でアメリカに全面的に依存している日本政府が巨額のドル資産を抱え込むのはきわめてまずい政策である。アメリカでサブプライム危機が表面化したのち、一部の国々の通貨当局はそれまで保有していた米住宅金融公社債をただちに処分したようだが、巨額の投資家である日本政府が同じことをすれば市場が崩壊していただろう。このとき、日本政府は米政府とともに市場を買い支えることを検討したようだが(『日本経済新聞』二〇〇八年九月九日朝刊)、巨額の債務に喘ぐ日本政府が自らの財務管理を犠牲にして外国政府への協力を余儀なくされるような事態が望ましくないことは明らかであろう。

＊ 日銀は、ドル、ユーロ、英ポンドだけを保有し、少額の中央銀行預金以外、外国の中央政府が発行する中期債の残高をもとに通貨構成比率を決定すると説明している。

なお、諸外国の中で(中央銀行でなく)政府が外貨準備を保有している国々では、日本と同様の特別会計方式で管理が行われているケースが多い。したがって問題は特別会計方式をとるか否かではなく、それにいかにして規律を与えるかである。たとえば、アメリカの連邦政府には為替平衡基金(Exchange Stabilization Fund、ＥＳＦ)と呼ばれる基金が設置され、日本と同様に、財務省がそれを管理している。しかしＩＭＦとのやりとりの分を別とすると、ＥＳＦのバランスシートには外貨資産と準備金（純資産）だけがあり、負債は存在しない。そのため、為替レートが変動するとＥＳＦの資産価値は変化するが、基金が債務超過に陥ることはありえない構造になっている。

アメリカのＥＳＦに債務が存在しないのは、同基金がもともと連邦政府の一般会計からの少額の出資金によって設立され、独自に債券を発行したり借入を行ったりすることを許されていないからである。今日のＥＳＦには出資金の二〇〇倍近い準備金が存在するが、これは過去に為替介入を通じて得た利益とその運用益を積み上げたものである。ＥＳＦの資金が限られていることが米政府の為替介入や国際金融協力の制約になったことはあるが、財政の健全性を維持するためにはこうした制約が欠かせない。

日本の外為特会も、原理的にはアメリカのＥＳＦと同様に運営することができたはずである。一般会計の拠出による自己資金がなく、為券を発行して円売り介入の資金を調達せざるを得なかったとしても、為替相場が均衡水準に比べて円高のときに限って外貨買い介入が行われれば、いずれ円安になるときがやってくる。その時点で外貨を売って円に替えれば、当初発行した為券をすべて償還して余りある資金が得られる計算になる。代わりに為券を償還するために必要な外貨だけを売却し、残りを外為特会に蓄積してゆけば、債務を負わずに外貨準備を持つことができる。それをしてこなかったのは財務省の不作為であり、それを許してきた国会と国民の怠慢である。

財務省は今日でも外貨資産の収益を機械的に再投資することを続けているが、他にこのようなことをしている国がほとんど存在しない以上、これは恒常的に外貨買い介入を行っているのと同じである。その結果、日本経済は円安という杖を突いていないと立っていられない老人のようになってしまった。また、先に見たように、近年の外為特会の運用益は二〜三兆円に上るが、これは世界の大半の国々の外貨準備残高を上回る金額である。いったいいつまでこうしたことを続けるつもりなのだろうか。

なお、図表2-7に示した国々のうち、オーストラリアやスウェーデンでは中央銀行が為替介入の決定権を持つだけでなく、すべての外貨準備を自行のバランスシート上で管理している。中央銀行は民間金融機関に対して適切な財務管理を指導する立場にあるので、簿価会計を行って外貨準備の含み損を知らんふりするようなことはやりにくい。一方、過剰な外貨を抱え込んで毎年度の決算利益が不安定化すると、政府の干渉を招く原因になるので、自然に無理のない為替介入や外貨管理を行うようになる。日本では政府が為替介入を行うことを当然だと考える人が多いが、原理的には中央銀行が為替介入と外貨準備の管理の両方を担当するほうが合理的である。

ただし、筆者は現時点で為替政策の権限を財務省から日銀に移管することが望ましいとは考えていない。ユーロ圏やスウェーデン、オーストラリア、ニュージーランドなど、中央銀行が金融・通貨政策を一体的に担当し、規律ある政策運営が行われている国は少なくないが、それはこれらの国々において中央銀行の独立性が確立し、政府がそれを尊重しているからである。

しかし日本政府が日銀の組織や政策の独立性に敬意を払っているようにはとても見えないし、国民の間でも中央銀行を政府の圧力から守らねばならないという意識は希薄である。そうした状況において通貨政策の権限を日銀に移管すれば、円高が進むたびに政府と財界から批判の声が上がり、通貨政策と金融政策がますます歪められてしまうだろう。次章で解説するように、今日の日銀の金融政策はそれ自体が隘路に迷い込んでおり、とても余計な任務を引き受けられる状況ではなくなっている。第三章ではそのことを詳述しよう。

第3章　金融政策
――デフレ対策という名の財政ファイナンス――

第二次安倍晋三内閣発足後に日銀の政策委員数名が退任し、黒田東彦新総裁のリーダーシップの下で異次元緩和が開始されたのが二〇一三年四月だった。当初、黒田氏は消費者物価指数（CPI）で測ったインフレ率を「二年程度の期間を念頭に置いて、できるだけ早期に」年率二％に引き上げると意気込んでいた。しかし、その後何年経ってもこの目標は達成されず、二〇一八年には目標の達成期限を示すことすら止めてしまった。

筆者は、日銀の物価目標が達成されなかったことを大きな問題だとは考えていない。近年の日本では、デフレが解消すればあらゆる経済問題が解決するかのような議論がまかり通ってきたが、そうした主張には根拠がない。本章において解説するように、そもそも過去の日本において「一般物価の持続的な下落」という意味のデフレが生じたことはなく、その対策として特殊な金融政策を行う理由は乏しかった。

ただし物価が上がるか上がらないかによらず、異次元緩和は絶対にやってはいけない政策だった。異次元緩和は、要するに日銀が国債を大量に買い入れる政策である。政府が自ら税金を集める代わりに中央銀行に財政赤字や公的債務を肩代わりさせることを財政ファイナンスと呼ぶ。政府が健全な財政管理を行っている国の場合、中央銀行が一時的に国債を買い集めてものちに売却できるので、それがただちに財政ファイナンスを意味するわけではない。しかし今日の日本は明らかにそうした状況にはない。

異次元緩和は公式には日銀が独自の判断で行っている政策だが、実質的には公的債務の重圧に耐えられなくなった政府が仕掛けた政策だと考えてよい。本章ではなぜそうした政策が行われてしまったのか、それが日本社会のどのような問題を反映しているのかを分析する。

1　日本は本当にデフレだったのか

最初に、筆者が「日本においてデフレが生じたことはない」と言う意味を明らかにしておきたい。これは虚心坦懐に統計を見れば当たり前のことだが、近年の日本では当たり前のことを無視して勝手な議論を展開する人が発言力を持ってきたからである。

黒田日銀総裁は就任前から、「デフレが一五年近くに渡って日本経済を劣化させてきた」、「家計や企業の間にデフレ予想が定着してしまっており、それを払拭しないと経済は再生しない」、「日銀がそのためなら何でもやるという強い姿勢を示すべきだ」とくり返し発言していた。そして年率二％のインフレ率を目指す理由として、日本のＣＰＩ統計に上方バイアスがあり、ゼロ％のインフレ率では現実にはデフレであること、プラスのインフレ率を確保することによって平時の金利を高めに維持し、景気後退時に思い切った利下げを行えるようにしておく必要があること（いわゆる「糊代」論）を挙げていた。

黒田氏の主張が正しいとすると、日本経済は一九九八年ごろからずっとデフレに苦しめられ、国民は物価が下落することを前提として行動してきたはずである。それは本当だろうか。

日銀は三か月ごとに一般市民を対象とした「生活意識に関するアンケート調査」を実施しており、その中に一年後にかけての物価の見通しを訊ねる質問がある。図表3-1は、この質問の回答の選択肢である「かなり上がる」「少し上がる」「ほとんど変わらない」「少し下がる」「かなり下がる」のうち、それぞれを選択した回答者の比率の推移をグラフに描いたものである。参考として、調査時点のＣＰＩの対前年同期比変化率も掲載した。

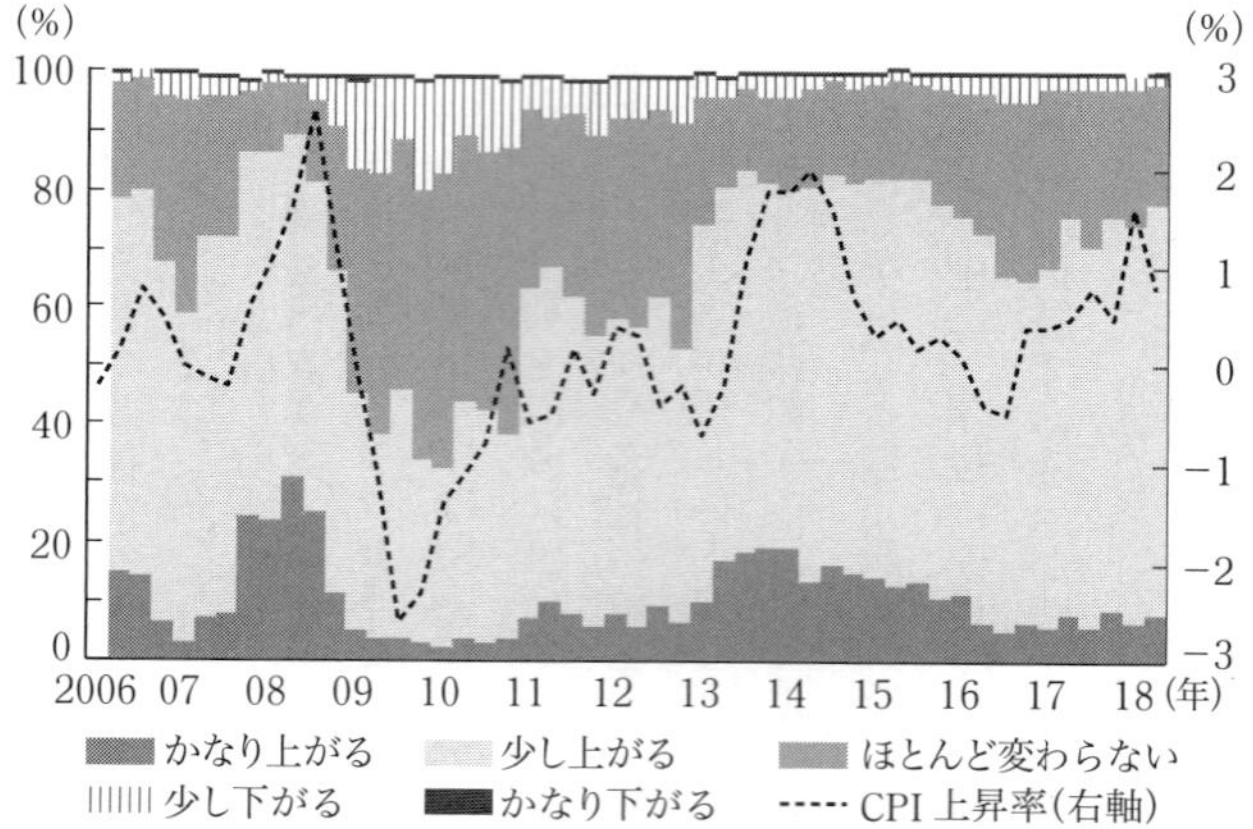

（注）CPI の上昇率は各時点の持家の帰属家賃を除く総合指数の対前年同期比変化率.

（出所）総務省統計局「消費者物価指数」と日本銀行「生活意識に関するアンケート調査」をもとに集計.

図表 3-1　家計の物価予想の推移

この図を見ると、この調査が開始された二〇〇六年から今日にかけて、デフレを予想する人々（「少し下がる」と「かなり下がる」の和）が一貫して少数派だったことが一目瞭然である。二〇〇九年から二〇一〇年にかけて「少し下がる」と答えた人の比率が二〇％弱に達したことはあるが、これは「百年に一度」と言われた大不況にエネルギー価格の急落が重なった特殊な時期の話である。それ以外の時期は「ほとんど変わらない」か「少し上がる」と答えた人の比率が一貫して高く、大多数の国民がゼロないしわずかのプラスのインフレ率を予想してきたことが分かる。内閣府の「消費動向調査」でも一九八〇年代から似たような調査が行われているが、結果はほとんど同じである。

図表3-1では現実の物価上昇率がマイナスになっていた時期が少なくないので、調査方法に問題があるのではないかという疑問を持つ人がいるかも知れない。たしかに普通の人は「来年までに一般物価は何パーセントくらい上がるだろうか」といったことを自問しながら暮らしているわけではないので、突然こうした質問をされても戸惑うかも知れない。しかし黒田氏は「日本のCPIには上方バイアスがある」とくり返し述べている。* それが正しいとすると、現実の物価上昇率は図表3-1に示したものより低いことになり、国民の予想とのギャップがいっそう大きくなってしまう。そのようなことがあるのだろうか。

＊　たとえば、黒田(二〇一四)を参照。

黒田氏は、なぜCPIに上方バイアスが存在すると断言できるのか、存在するとしたらどのくらいの大きさのバイアスなのかをまったく説明していない。黒田氏の言う「バイアス」とは、日本のCPIのようなラスパイレス型物価指数の上昇率が理論的な生計費の上昇率を上回る可能性があることを意味していると思われるが、現実にそれが生じているか、それが金融政策に影響を与えるほど大きなものかは実証的に検証すべき問題である。研究者の間でも過去に日本のCPIがデフレの実態を過小評価していることが疑われたことがあるが、今日では統計に詳しい専門家ほどその効果が大きいことを否定している。*

* たとえば、白塚(二〇〇五)など。

CPIで測ったインフレ率と人々が予想する物価上昇率が乖離しうる理由は他にもある。デフレを論じる際に特に注意すべきなのは、CPIは人々が支払う価格をそのまま集計したものでなく、「一定の量・品質の商品やサービス」の平均価格を追跡することを目指して作成された仮想的な物価指数であることである。たとえば、昨年まで一箱一〇〇グラムで売られていたチョコレートが今年から同一価格のまま八〇グラムに減量された場合、一〇〇÷八〇＝一・二五なので、二五％の値上げが行われたと考える。同様に、市場に出回るテレビの価格が同一のまま、品質が二〇％向上した場合、実質的に二〇％の値下げが行われたと見なして統計を調整する。こうした処理を品質調整と呼ぶが、それが行われている以上、統計上の物価上昇率が人々の実感するインフレ率を下回ってもおかしくない。

ここで図表3-2を見てみよう。パネル(a)のうち、「生鮮食品・エネルギーをのぞく総合指数」は公式のCPIの一つで、日銀が金融政策の判断材料としてもっとも重視しているもので

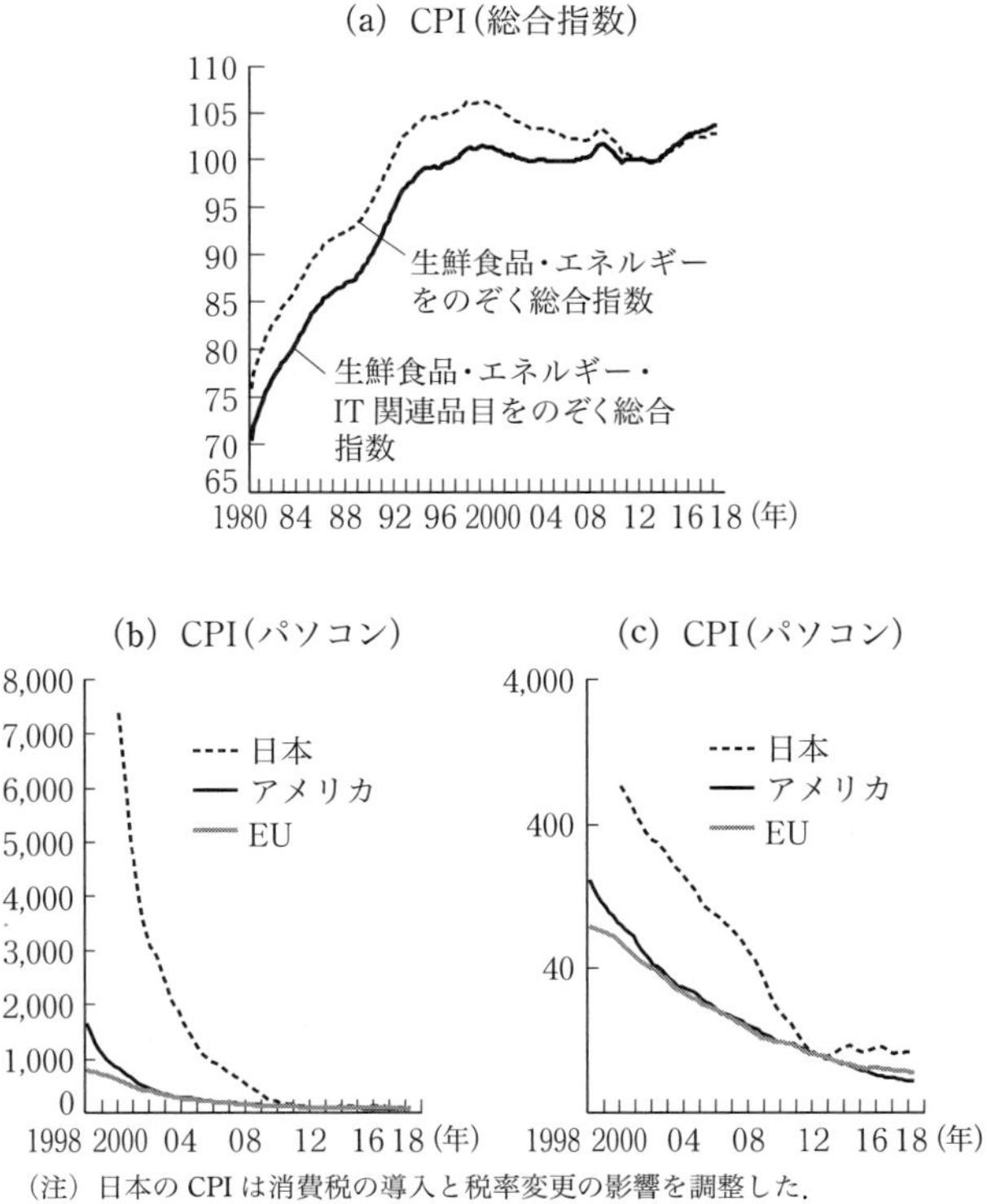

(注) 日本のCPIは消費税の導入と税率変更の影響を調整した.
(出所) 総務省統計局, Bureau of Labor Statistics(アメリカ)及びEurostat(EU)のデータをもとに集計.

図表 3-2 消費者物価指数の推移(2012年＝100)

ある。この指数は一九九八年から二〇一三年初にかけて累積で六%ほど下落したので、年率換算で〇・四%のデフレが生じていたことになる。

同じパネル(a)には、「生鮮食品・エネルギーをのぞく総合指数」に含まれる品目のうち、品質調整が頻繁に行われている品目をのぞいて筆者が再集計した物価指数の推移も示している。*除外品目の多くは、パソコンやテレビ、電子レンジなど、IT技術を活用して機能改善が図られている商品だが、これらが総合指数に占めるウェイトは三~五%ていどに過ぎない。しかしそうして作成した物価指数は二〇〇〇年代に入ってもほとんど下落せず、公式の統計と相当異なる推移を示している。この指数の一九九八~二〇一三年の年率平均下落率はほぼ〇%だったので、黒田氏の言う「失われた一五年」にデフレは生じていなかったことになる。

* 詳しい説明は Kumakura, 2015 を参照。

パネル(a)の二つの系列の毎年の変化率の違いはわずかだが、過去二〇年間に日本の物価が国内外で注目されてきたのは、わずかであっても平時に消費者物価が持続的に下落することが目新しい現象だったからだ。だが、統計作成上の技術的要因を考慮した場合、日本において起こったのは物価が上がらなくなったということにすぎず、デフレではなかった。

しかし、少数のＩＴ機器や家電製品の価格がなぜ公式の物価統計にこれほど大きな影響を与えていたのだろうか。この疑問に答えるために、ＣＰＩに含まれているパソコンの価格指数の推移をアメリカとＥＵのＣＰＩの類似品目の価格指数の推移と比較したのが図表3-2のパネル(b)である。これを見ると、日本の価格指数の下落率がアメリカやＥＵの価格指数の下落率とは比べ物にならないほど大きかったことが分かる。

しかし日本でも欧米でも、店頭に出回っているパソコンの種類や価格に大きな違いがあるわけではない。また、アメリカやＥＵの統計でも品質調整は行われているので、日本の統計との差は品質調整を行うか否かではなく、その方法の違いにある。日本のＣＰＩではパソコンに関してヘドニックと呼ばれる統計学的手法による品質調整が行われているが、研究者が推奨しない古い方法が採用され、統計学的に有意でない係数が調整に用いられていたこともある(Kumakura 2015)。

日本のＣＰＩを作成しているのは総務省の統計局である。ＣＰＩでは五年おきに品目の見直しが行われ、個々の品目のウェイトも更新される。総務省は二〇〇〇年の改訂からＩＴ機器を積極的に対象品目に採用するようになり、それと前後して、各品目に関して価格を調査する商品を頻繁に入れ替えるようになった。日本のＣＰＩにおいてヘドニック法による品質調整が行われているのはパソコンとテレビだけだが、他の品目に関しても、この時期から統計上の価格下落率が大きくなりやすい方法で新商品の価格が調整されるケースが多くなった。つまり、日本においてデフレに関心が集まり始めた一九九〇年代末から、統計上の物価上昇率が低めに出やすい集計方法が次々に採用されるようになったということである。

図表3-2のパネル(c)のデータはパネル(b)と同じものだが、縦軸を対数目盛にしている。説明は省略するが、横軸に時間(年)をとり、縦軸を対数目盛にした折れ線グラフでは、グラフの傾きが変化率を表す。このパネルでは、欧米諸国の価格が比較的単調な下落を続けているのに対し、日本の価格だけが二〇一二年末に突然下げ止まっている。どの国でもパソコンの大半は海外からの輸入品であるため、為替レートの影響を考慮する必要はあるが、欧米と日本の価格のトレンドにこれほど大きな違いが生じるのは不自然である。品質調整が行われている他の品目の中にも、二〇一二年末を境に価格が突然下げ止まったものが少なくない。

品質調整の手法はどれが正解というものではないが、統計上の物価と消費者が観察している価格が別物であることは理解しておく必要がある。また、こうしたことに無関心でいると、統計の作成方法に起因するインフレ率の変化を財政政策や金融政策の効果と勘違いする原因になる。総務省がどれだけ意識していたかは分からないが、第二次安倍政権発足と前後して品質調整の方法が統計上のインフレ率が低めに出やすい手法から高めに出やすい手法に変化していたことは知っておいてよい。

2　物価はなぜ安定していたのか

しかし黒田氏にとって、筆者が前節で指摘したことは重箱の隅をつつく議論にすぎないのかも知れない。黒田氏によると、消費者物価は上昇するのが当たり前で、マイナス〇・一%でもプラス〇・一%でもデフレ「的」であることに変わりないからだ。確かに、図表3-2のパネル(a)では、IT機器を含む総合指数もそれらを除外した総合指数も、一九九〇年代末を境に明らかにトレンドが変化している。この図だけを見ると、一九九〇年代後半に日本経済が突然「デフレ・トラップ」に巻き込まれ、そこから抜け出せなくなったという意見に信憑性があるように思われるかも知れない。しかしこの点に関してももっと常識的な理解がありうる。

図表3-3は、CPIと日銀が作成している国内企業物価指数(PPI)の推移を比較したものである。第一章でも触れたように、PPIは国内企業が国内市場向けに出荷した商品の価格を計測したもので、原則としてサービスを含んでいない。ただしPPIの集計においても品質調

整が行われているため、その点を考慮してデータを観察する必要がある。

パネル(a)は、工業製品(加工品)のみを対象とした公式のPPIの系列の中から、①国際市況の変化によって価格が乱高下しがちな燃料品と一次素材を除いて集計した指数と、②さらに

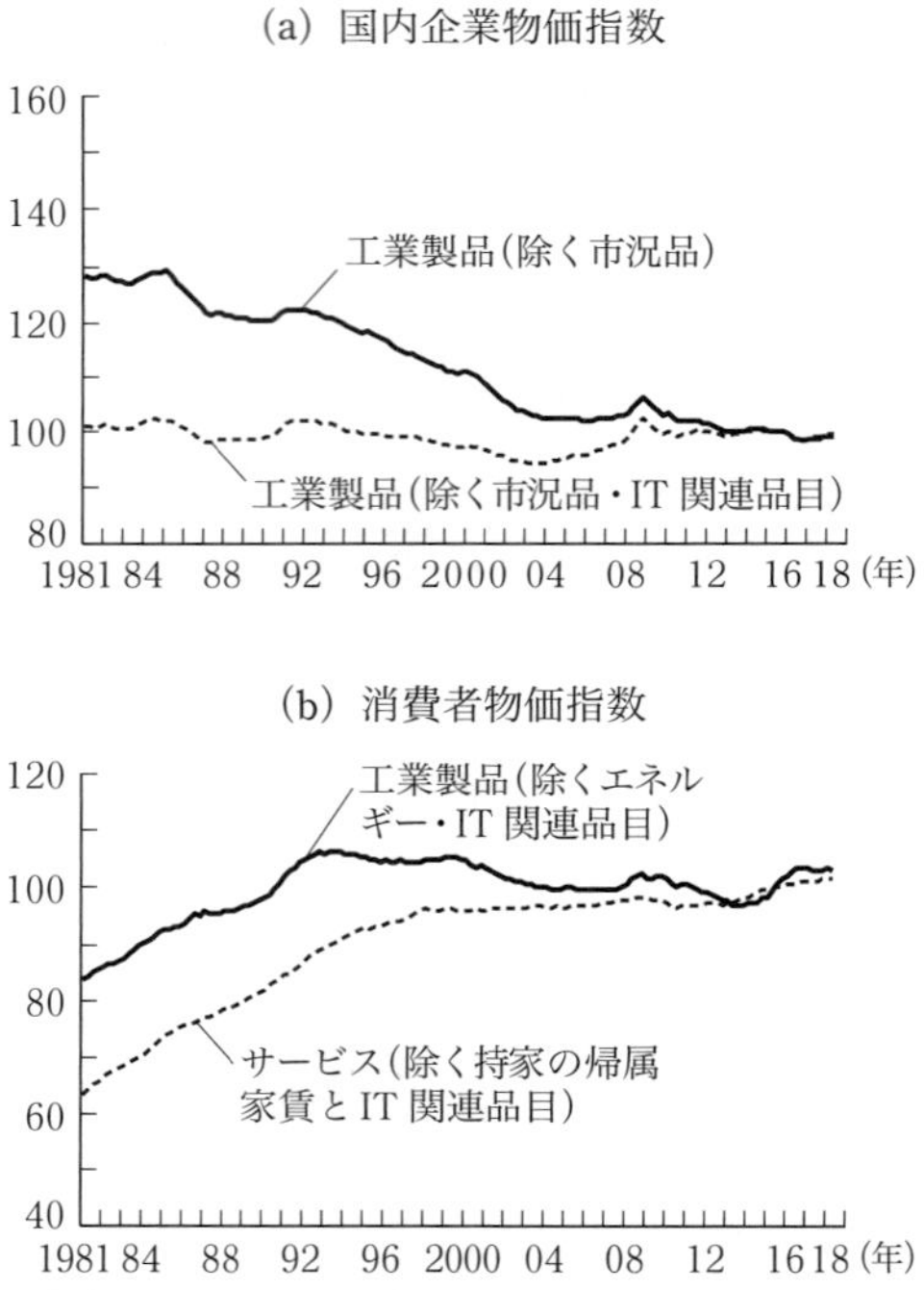

(注)「IT 関連品目」は IT サービスと品質調整の影響が大きい一部の家電製品を含む. いずれも消費税率の変更の影響を調整している.
(出所) 総務省統計局「消費者物価指数」と日本銀行「企業物価指数」の品目別価格指数をもとに集計.

図表 3-3 日本の物価の推移
(2015 年＝100)

それから品質調整の影響が大きいＩＴ機器とその部材、一部の家電製品を除外して集計した指数の推移を示したものである。これらを見ると分かるように、品質調整によって統計上の価格が下がる効果を除外すると、工業製品の物価は一九八〇年代から今日にいたるまで、ほぼ完全な横ばいである。すなわち、工業製品メーカーの価格設定に関する限り、日本がデフレに陥ったと言われる一九九八年以前と以降との間で何も変わっていない。

次にパネル(b)は、図表3-2の「生鮮食品・エネルギー・ＩＴ関連品目をのぞく」ＣＰＩに含まれる品目を、商品(モノ)とサービスに分けて再集計した値を示したものである。このパネルを見ると、商品の消費者物価が一九九〇年代初頭に上昇しなくなったこと、一九九〇年代後半にサービスの消費者物価も上がらなくなったことが分かる。ただし商品の消費者物価には流通や販売のコストが上乗せされているため、部分的にサービスの価格を反映している。

パネル(a)と(b)のデータを突き合わせると、もともと日本の一般物価を引き上げていたのがサービスの価格だったこと、そして流通・販売サービスの価格が一九九〇年代初頭に上がらなくなり、それがしだいに他のサービスにも波及していったことが分かる。このことは、一九九八年前後に日本が突然「デフレ・トラップ」に陥ったという言説に根拠がないことを示唆している。

日本においてデフレよりインフレが問題視されていた一九九〇年代初めまで、「生産性格差インフレ」という用語がしばしば使われていた。第一章で解説したように、工業製品は国際取引が容易な「貿易財」なので、製造業は常に外国企業との競争に晒されている。固定為替相場制の時代には円建ての価格を据え置けばドル建て価格も一定に留まったため、工業品メーカーは出荷価格を維持しようとし、日銀もそれが可能になるように金融政策を運営していた(岡崎一九九九)。変動相場制移行後は状況が変化したが、図表3-3から分かるように、日本の工業品メーカーの価格設定行動はあまり変わっていない。

説明のための仮設例として、いま、日本の工業部門の毎年の生産性上昇率が三%だと仮定しよう。工業品メーカーは販売価格を維持できる範囲の賃上げしか受け入れないので、賃金増加率も三%だと仮定する。サービス業は製造業に比べて生産性が上がりにくいので、単純化のために、生産性上昇率はゼロだとしよう。

こうした条件の下で工業部門が拡大して労働需給がひっ迫すると、サービス部門も人材を確保するために工業部門と同じペースで賃金を引き上げざるを得ない。賃上げによるコスト増がサービスの価格に上乗せされる場合、サービス物価の上昇率は年率三%になる。仮に工業製品とサービスのCPIへの影響が一:一だとすると、CPIで測った一般物価の年間上昇率は

(〇＋三)÷二＝一・五％になる。これは単純な例だが、一九九〇年代初頭までの日本の物価に起こっていたのは、原理的にはこのようなことだった。

しかし第一章において見たように、日本の工業部門の雇用は一九九〇年代前半に減少に転じ、その後は賃上げのエンジンの役割を果たせなくなった。サービス部門の生産性上昇率がゼロで賃金の増加率もゼロだとすると、サービス価格の上昇率もゼロである。工業製品の価格上昇率はもともとゼロなので、一般物価の上昇率もゼロとなる。厳密には企業の生産費が賃金だけでないことや、正規労働者と非正規労働者の賃金の動向が異なることも考慮する必要があるが、大筋ではこれが近年の日本において起こっていたことである。

上記のことが正しいとすると、近年の日本のディスインフレの主因は産業構造の変化であって、「人々の期待を変えれば物価が上がる」とか「デフレを克服すれば日本経済は復活する」といった主張には説得力がないように思われる。それでも日銀は「あらゆる手段に訴えてでも」二％のインフレ率を追求すべきなのだろうか。

黒田氏は、「将来の景気後退期に思い切った利下げを行えるようにするために、現在の金利を高くしておかなければならない。そのためにはインフレ率が十分に高くなっている必要がある」と主張する。しかし異次元緩和前に一％程度だった長期金利を大量の国債買入によって〇

％に引き下げてしまったのは当の日銀である。金利を高くするためにインフレが必要だと主張し、インフレを惹き起こすために金利を引き下げるのでは、主張と行動が矛盾している。百歩譲って年率二％のインフレ率が望ましいとしても、異次元緩和はそのための最善策ではない。以下で説明するように、もっと確実で社会的に望ましい政策が存在するからである。

先の分析によると、物価が持続的に上昇するためには賃金の上昇が必要であり、賃金が上昇するためにはその牽引役となる産業が必要である。近年の日本において雇用が顕著に増加しているのは高齢者向けの医療・社会福祉サービス業だけなので、そこで賃金が伸びなければマクロの賃金水準も上昇しにくい。しかし政府は医療・社会福祉サービスの価格を抑え込み、それに従事する人々の報酬も厳しく統制してきた。

ここで図表3－4を見てみよう。パネル（a）は、日本のＣＰＩの総合指数に占める医療・福祉サービス関連品目のウェイトと、家計の現実最終消費支出に占める同サービスのシェアの推移を示したものである。ＣＰＩの品目ウェイトは原則として家計が自ら支出した金額をもとに算出されているため、費用の大半が社会保障基金から支払われる医療・福祉サービスのシェアは小さく、直近でも三％強にとどまっている。

一方、「現実最終消費支出」というのはＧＤＰ統計の用語で、家計が自ら支払った消費額に

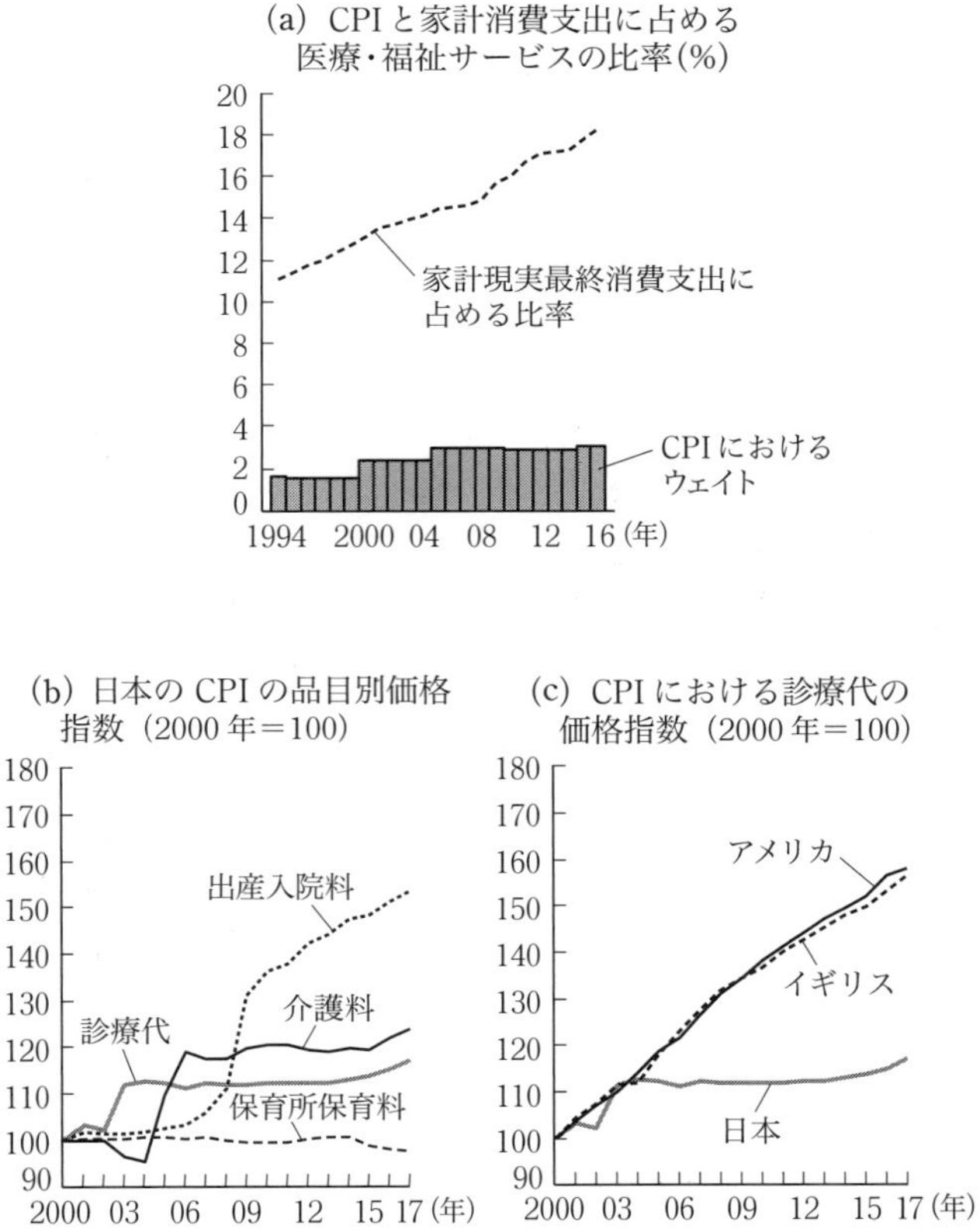

(出所) 内閣府経済社会総合研究所, 総務省統計局, Bureau of Labor Statistics(アメリカ)及び Office for National Statistics(イギリス)の統計をもとに集計.

図表 3-4 医療・福祉サービスの価格と家計消費に占める比率の推移

政府や社会保障基金が費用を負担した教育・保健医療サービス等の金額を加えたものである。高齢化を反映して、現実最終消費支出に占める医療・福祉サービスの比率は二〇一六年度時点で一八・二%に達している。このパネルから分かることは、今日の日本では需要がもっとも急激に伸びているサービスの価格がCPIに反映されにくくなっているということである。

次に、パネル(b)は、日本のCPIの一部を構成する医療・福祉サービスの価格指数の推移を描いたものである。ここに示したサービスのうち、診療代と保育所保育料、介護料は「公的サービス」、出産入院料は「一般サービス」(民間サービスのこと)に分類されている。このパネルによると、政府が価格を統制している診療代と保育料、介護料が安定しているのに対し、出産入院料(分娩料を含む)は二〇〇〇年代半ばから急上昇している。出産費も健康保険制度から支給される一時金によってその大半がカバーされているが、窓口価格が厳格に規制されていないため、費用の増加が統計上の価格に反映されやすい。

最後に、パネル(c)は、日本のCPIの診療代の価格指数を、アメリカとイギリスのCPIにおける同種の品目の価格指数と比較したものである。アメリカでは医療・福祉サービス分野の規制が限定的であり、診療代は自由価格に近い。イギリスは国民医療制度(NHS)により医療費が原則的に無料なので、ここではNHSでカバーされない民間医療機関の診療代の系列を示している。このパネルによると、日本の診療代が横ばいなのに対し、英米の医療費は年率二％強のスピードで上昇している。英米の医療費の上昇率は日本の出産費の上昇率とほぼ同じであり、政府が強制的な価格統制を止めれば、日銀が目指す速度で価格が上昇することを示唆している。*

＊　日本の公的サービスの中で価格が生産コストを下回る水準に抑えられているのは医療・福祉サービスだけではなく、電気やガス、水道などの公共料金の上昇率も他の先進諸国に比べてかなり低い。これは諸外国において公営事業の民営化と価格自由化が進んだのに対し、日本では補助金を投入して価格を統制することが続けられてきたからである。

言うまでもなく、日本政府が医療・福祉サービスの価格を厳しく規制し、高齢者の自己負担比率を低位に抑えているのは、それを止めると高齢者の反発を買い、与党の支持率が低下するからである。しかし医療・福祉サービスの価格を抑えようとすれば、それに従事する人々の報酬も厳しく統制せざるを得ない。その結果、同分野では労働需要が急増しているにも拘らず、一部の専門家を別とすると、そこで働く人々の給与水準や労働条件は相対的に劣悪であり、事業主が必要な人員を確保することが難しくなっている。

これらのことから分かるように、日銀が過激な金融緩和を行う一方で政府が医療・福祉サービス分野の価格と賃金の統制を続けることは、自動車のアクセルとブレーキを同時に踏むようなものであり、インフレ醸成策としてきわめて非効率である。異次元緩和など行わなくても、政府が医療・福祉分野の価格と賃金を思い切って自由化すれば、どちらも大きく上昇し、それが他産業の賃金や一般物価にも波及するだろう。それによって生活費が圧迫される人に配慮する必要はあるが、医療・福祉分野の事業主が必要な人員を確保し、競争を通じて生産性を高めるためにも自由化は必要である。

3　金融政策と財政政策の関係

異次元緩和はデフレ対策としては無用で非効率な政策だったが、最大の問題はそのことではなく、それが政府の財政赤字と債務を日銀が肩代わりする財政ファイナンスであることである。

異次元緩和の開始当初から、日銀が長期国債を大量に購入することは財政ファイナンスに当たるという声はあった。そうした批判に対する日銀の回答は、異次元緩和は日銀が独自の判断でやっていることであり、その目的が財政支援ではなくデフレ脱却である以上、財政ファイナンスではないということだった。

しかしこうした説明にはまったく説得力がない。まず、異次元緩和は表面的には日銀が考案した政策だが、実質的には政府が仕掛けた政策だと考えるほうが理に適っている。なぜなら、自民党は二〇一二年末の政権回復前から中央銀行の独立性を明白に否定していたからである。

ここで、第一章で言及した二〇一二年衆議院選時の自民党の政策公約集を再び引用しよう。そこには、「大胆な金融緩和でデフレ・円高から脱却」という見出しに続いて、以下のような記述がある。

デフレ・円高からの脱却に向けて欧米先進国並みの物価目標(二%)を政府・日銀のアコード(協定)で定めるとともに、日銀の国債管理政策への協調などにより大胆な金融緩和策を断行します。金融緩和の実効性を高めるため、日銀法の改正も視野に、政府・日銀の連携強化の仕組みを整えます。*

＊　自由民主党『J-ファイル二〇一二総合政策集』。

言うまでもなく、「日銀の国債管理政策への協調などにより大胆な金融緩和策を断行」するというのは、「日銀に国債を大量に購入させる。それを決めるのは日銀ではなく政府だ」という宣言である。そしてそのあとの「日銀法の改正も視野に」は「主人は政府だ。日銀が言うことを聞かなければ、法改正してでも言うことを聞かせる」という念押しである。これが中央銀行の独立性の否定でなくして何であろうか。

また、政権交代直後の参議院予算委員会において安倍晋三首相が白川方明日銀総裁（当時）の後継者の条件を問われた際、最初に挙げたのは「私と同じ考え方を有する、そして、かつデフレ脱却について強い意思と能力を持った方」だった（『日本経済新聞』二〇一三年二月二〇日朝刊）。日銀の総裁と副総裁、政策委員会の審議委員は内閣が推薦して国会の承認を得る形で決まるため、首相や与党と考えが異なる人物が任命されることはない。しかし過去に首相や財務大臣が日銀の総裁や副総裁の条件を尋ねられた場合、「見識」や「組織運営力」などを挙げることが多く、あからさまに「私の考えに従う人」と答えることは憚られる雰囲気があった。安倍首相はもはやそうしたことを気にする必要はないと考えたのだろう。

政権獲得後、安倍首相や政府は表面的には日銀の独立性を尊重する姿勢を保っている。安倍内閣によって任命された黒田氏や他の審議委員も、自分たちは政府の傀儡などではなく、自らの信念に従って行動していると考えているだろう。しかし日銀の専管事項であるはずの金融政策に関して「日銀の国債管理政策への協調などにより大胆な金融緩和策を断行します」と宣言した政党が政権党となり、首相が「私と同じ考え方を有」する人だけを日銀の政策委員会に送り込むと明言している以上、黒田氏らが自らの信念に従って行動していることは日銀の独立性が担保されていることを意味しない。

また、異次元緩和の公式の目的がデフレ脱却であることと、それが財政ファイナンスに当たるか否かということは別問題である。日本がそもそもデフレではなく、異次元緩和が効率的なインフレ醸成策でないことは置くとしても、中央銀行が政府の債務証書を買い入れる行為が財政ファイナンスであるか否かを決めるのは、それなしに政府が独力で財政を管理する意志と能力を持っているか否かである。

二〇〇八年半ば以降、欧米諸国の間でも、中央銀行が短期金利をゼロにするために必要な量を超えてさまざまな金融資産を購入する量的緩和が実施された。しかしこれらの国々の量的緩和は日銀が二〇〇一年から二〇〇六年にかけて実施した量的緩和に近く、異次元緩和とは似て非なるものである。日本の量的緩和も欧米の量的緩和も、当初は金融危機対策(ないし予防策)の性質が強く、それが解決した暁には、速やかに元の状態に復帰することが想定されていた。* 量的緩和の一環として中央銀行が公債を大量に買い入れた国もあるが、財政の健全性が守られている限り、中央銀行がその売却に転じても公債市場が崩壊する必然性はない。**

＊　ＥＣＢの国債買入れは部分的にギリシャ等への財政支援の意味を持っていたが、多数国の中央銀行であるＥＣＢが特定国の政府に完全に従属して行動することはありえない。

＊＊　ＦＲＢやＥＣＢは量的緩和の手じまいに向かっているが、そのプロセスは遅れ気味である。このことは、財政が相対的に健全な国(地域)においても、この種の政策からの卒業が簡単でないことを示している。

しかし二〇一二年の衆院選時に自民党が日銀に求めたのはそうした量的緩和ではなく、財政ファイナンスによる政府への協力だった。先の自民党の選挙公約は「日銀の国債管理政策への協調などにより大胆な金融緩和策を断行します」と宣言していたが、「日銀の国債管理政策への協調」とは「政府の国債管理政策に対する日銀の協力」のことである。その後に「大胆な金融緩和策を断行」と書かれているために意味が曖昧になっているが、政府が日銀に頼らずに債務を管理する意志を持っていれば、仮にデフレ脱却のために量的緩和のような政策が必要だと考えたとしても、単に「大胆な金融緩和策を断行させます」とだけ書けばよく、「国債管理政策への協調」に言及する必要はなかったはずである。

もちろん、財政がすでに日銀の支援なしに立ち行かなくなっていることを政府は認めてはいない。しかし次章で詳しく検討するように、今日の日本の財政は潜在的な破綻状態にあると言ってよく、しかも政府はその事実を糊塗して巨額の赤字財政を続けようとしている。したがって政府や日銀が何と言おうとも、異次元緩和は最初から財政ファイナンスだったと考えるべきである。

そもそも、財政の持続性に自信と責任感を持っている政府であれば、異次元緩和のような政策は決して歓迎しないはずである。その理由を理解するために、ここで図表3-5を見てみよう。この図は、政府と日銀、そして両者を含む広義の政府(統合政府)のバランスシートを描いたものである。第二章と同様に、左側が資産、右側が負債を表している。

図表3-5の上段は、日銀が正常な金融政策を実施している場合(すなわち量的緩和や異次元緩和などを行わない場合)のバランスシートである。日本政府は債務だけでなく資産(第二章で解説した外貨準備など)も有しているが、単純化のため、左上の政府のバランスシートは純債務に相当する分だけを示している。日銀の負債(と純資産)は現金と少額の当座預金(民間金融機関が日銀に開設している口座の残高)、そしてごくわずかの自己資本だけである。日銀当座預金の中には、民間銀行に預け入れを強制している法定準備預金(所要準備)とそれ以外の預金が含まれるが、正常な金融政策が行われている場合、後者は無視できるほど少ない。

上段の右側の統合政府のバランスシートでは、政府の負債の一部と日銀が保有する国債が相

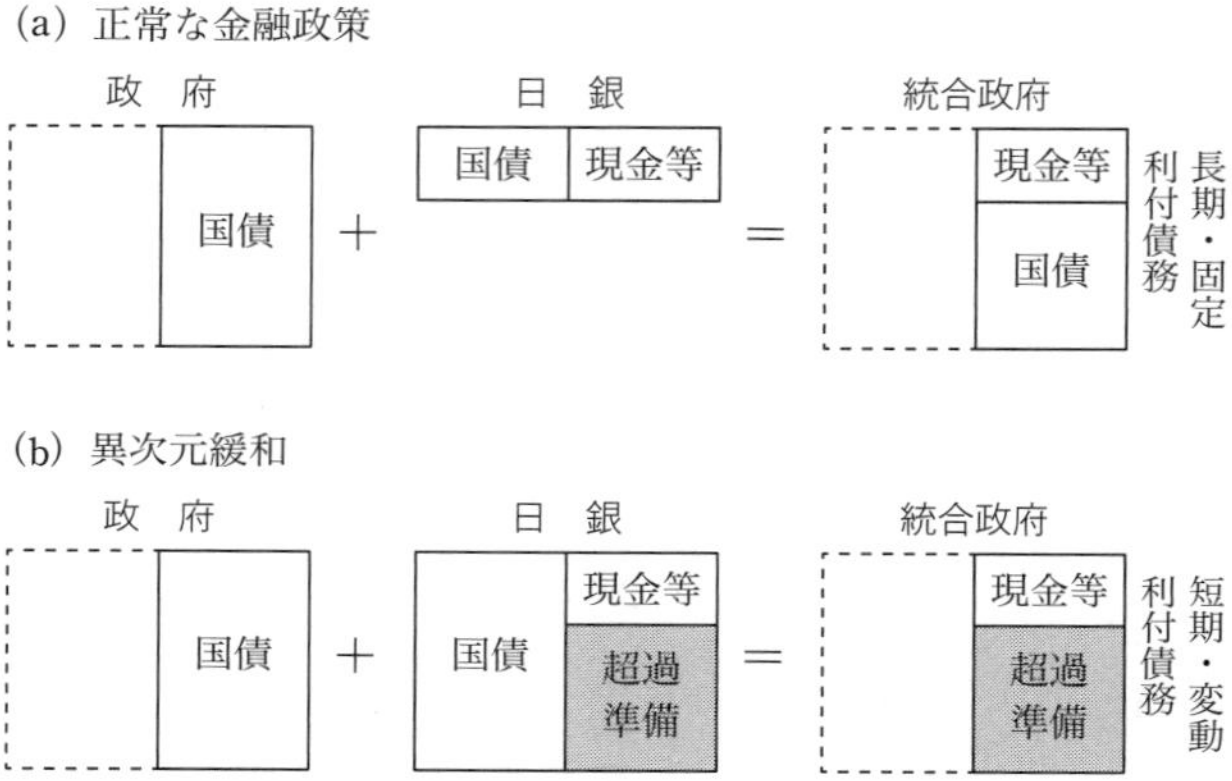

図表 3-5 金融政策と統合政府のバランスシート

殺され、負債の一部が現金等、残りが国債になっている。国債の大半は長期の利付債であるため、これらは統合政府にとって固定金利の長期借入金である。また、正常な金融政策の下で大量の現金が日銀に戻ってくることは少ないので、「現金等」は日銀にとって償還期限のない無利子負債(利率〇パーセントの固定金利債務)のようなものである。したがって、統合政府の債務は全体として(超)長期・固定利付の借入金であり、借り手にとって有利な構造になっている。

次に、下段は日銀が政府の純債務分の国債をすべて買い上げてしまったときのバランスシートである。日銀が民間金融機関から国債を購入すると、その代金が当座預金に振り込まれ、当座預金の残高が所要準備を上回って増加してゆく。ここではそれらを超過準備と呼んでいる。

右下の統合政府のバランスシートを見ると、右上のバランスシートにおいて国債だった部分が日銀の超過準備になっている。現状では、超過準備の中に無利子のものやわずかの利息が支払われているもの、逆にマイナスの金利が課されているものが含まれているが、全体としてほぼ無利子の借入金である。しかし民間金融機関はいつでもそれを現金に換えて引き出すことができるので、それが大量の現金として市中に流れ出すことを日銀が望まないなら、必要に応じて金利を引き上げることが必要になる。このことから分かるように、広義の政府の視点からすると、異次元緩和は借り手にとって有利な長期・固定利付債務をわざわざ借り手にとって不利な即時引き出し可能・変動利付の債務に変換しているだけで、債務残高を削減する効果は持っていない。*

＊　先に現金は日銀にとって事実上返済不要な借入金だと述べたが、これは金利が正常な状態にある場合の話である。日本のインフレ率が二％程度で預金金利が三〜四％だった一九九二年の現金流通残高が三二兆円あまりにすぎなかったのに対し、金利がほぼゼロになった本書の執筆時点の現金流通残高は一〇〇兆円を超えている。その間に名目ＧＤＰがあまり変化せず、クレジットカードや電子決済が普及したことを考慮すると、ひとたび金利が正常化した暁には、市中に滞留している日銀券の大半が日銀に回帰すると思われる。

いま、ある会社が社債を発行して事業資金を調達しているとしよう。この会社の社長が株主や社会に対して責任感を持っていれば、調達額を返済可能な範囲に抑えるだけでなく、償還期間の異なる債券を組み合わせて発行するなどして、調達と返済のタイミングを慎重に管理しようとするはずである。

しかしその傍らで、この会社の子会社がサラ金から短期資金を借り入れ、親会社が発行した社債をかたっぱしから買い集め始めたら、私たちはどう考えるだろうか。親会社の社長は子会社が勝手にやっていることだと言うかも知れないが、それを黙認しているだけでも、この社長の意図がどこにあるかはあきらかだろう。自民党の政策公約集に「日銀の国債管理政策への協調などにより」と書き込ませ、日銀総裁は「私と同じ考え方を有」する人に限ると述べた安倍首相は、そうした社長と同じである。

ただしここで注意しておきたいのは、政府が独力で財政を管理する意志を持っていない場合、図表3-5の(a)のケースと(b)のケースの違いは本質的なものでないことである。仮に日銀が異次元緩和のような政策には決して与しないという態度をとったとしても、政府が財政赤字のファイナンスや公債のロールオーバーに行き詰まった場合、日銀に公債の買入れを要求するだろう。* その時点で統合政府のバランスシートは右上のものから右下のものに変化するので、図

表3-5の右上のバランスシートと右下のバランスシートは究極的には同じものだと考えてよい。

＊　財政法第五条は日銀の政府への融資や公債引受けを禁じているが、「特別の事由がある場合において、国会の議決を経た金額の範囲内では、この限りでない」と但し書きされている。

現実に、日本の統合政府のバランスシートは、図表3-5の右上のものから右下のものへとどんどん変化している。それでは、今後いったい何が起こるのだろうか。

先の説明によると、広義の政府にとって公債はいつでも超過準備に交換可能な負債である。また、民間金融機関はいつでも超過準備を現金に換えて引き出すことができるので、超過準備と現金の違いも本質的なものでない。これらのことは、現金および日銀当座預金から構成される貨幣と公債が究極的には同じものであることを意味し、貨幣と公債のうちどちらか一方の信用が維持されたまま(つまり日銀と政府のどちらかの信用が維持されたまま)、他方の信用だけが失われる事態が考えにくいことを示唆している。

国民が日本政府の財務管理能力を本格的に疑い出した場合、保有している公債をどうするだろうか。政府があからさまなデフォルトを行わないとすると、それらを満期まで保有すれば額面の金額は払い戻される。しかしその間に物価が大幅に上昇すると償還金を用いて購入できる商品やサービスの量が激減するので、実質的に公債のリスケジューリングを強制されたのと同じことになる。したがって物価上昇を予測する人ほどただちに公債を売却してそれを貨幣に換えようとするだろう。

しかし貨幣もインフレとともに価値を失う点では同じなので、今度はそれをインフレによって価値が減じない(と予想される)資産に交換しなくてはならない。すると国民の間で現金や銀行預金を実物(物品や不動産)や外貨に換える動きが強まるはずだが、家計や企業の間でいくら物品や外貨を売買しても、民間部門全体の貨幣の保有額は変化しない。日銀が公債を売却して貨幣を回収すれば貨幣量は減少するが、すでに国民が公債の価値を信用しなくなっている以上、その買取に応じる投資家はいない。したがって日銀が貨幣の供給量を削減することによって貨幣需要の減少に対応することはできない。

そうした状況において貨幣の需要と供給のバランスを取り戻す唯一の方法は、一般物価が急激かつ十分に上昇することである。例として、図表3-5の(b)において「現金等」と「超過準備」の比率が一：九だとしよう。その時に物価が一〇倍になれば、現金需要も一〇倍になり、超過準備を解消することができる。そして現金が日銀にとって期限のない債務である以上、その見合いとして国債を保有しつづけても問題はなく、政府の債務も整理されたことになる。すなわち、財政管理能力を失った政府が明示的な債務不履行を避けながらそれを回復する唯一の方法は、極端なインフレーションを惹き起こし、実質的な債務不履行を行うことである。第五章において見るように、第二次世界大戦前後の日本では、現実にそうした事態が発生した。

ただしそうした物価の引き上げは短期間のうちに一気に行う必要があり、日銀がインフレ目標値を少しだけ引き上げ、長い時間をかけてゆっくりと帳尻を合わせることはできない。仮に日銀がインフレ目標値を二％から四％に引き上げ、それが現実のインフレ率として定着した場合、国民はそれに見合う利回りを公債やその他の金融資産に対して要求するようになる。そのときに日銀が超過準備の金利を〇％ないしそれに近い水準に維持すれば、大量の資金が流出して無秩序なインフレを招く可能性が高い。しかしインフレ率に見合う利息を支払えば、その分だけ超過準備の残高がどんどん増えることになり、物価が上昇しても実質的な貨幣量は減少しないことになってしまう。*

＊　別の方法として、インフレ圧力が強まってきた時点で日銀が預金準備率（民間銀行が受け入れる預金のうち日銀に預け入れることを義務付けている金額の比率）を一気に引き上げ、超過準備を強制的に所要準備に転換してしまうことも可能である。しかしそれを行うと民間銀行が顧客に要求する金利も急上

昇し、経済が破綻してしまうだろう。

日銀が異次元緩和に乗り出した当初から、それがハイパー・インフレーションを惹き起こすことを懸念する声はあった。しかしその後の物価の足取りが重かったこともあり、そうした可能性を指摘する人々は「狼少年」扱いされるようになった。しかし、これまでハイパー・インフレーションが生じていないことは、日本経済が時限爆弾を抱えていることを示すにすぎず、それが将来に渡って爆発しないことの保証にはならない。

4　中央銀行を守るのは誰か

しかし、異次元緩和のように合理性もなく、しかもいったん始めたら簡単に引き返せない政策がどうして開始されてしまったのだろうか。

先述したように、二〇一二年の衆議院選挙において、自民党は日銀の独立性を明確に否定していた。大多数の国民にとって政府と中央銀行の関係は迂遠な話題なので、多くの人々が自民党に票を投じた理由は別のところにあったのだろう。しかし他の先進諸国において主要政党がこうした政策方針を掲げて国政選挙に臨んだ場合、学者やマスメディアの批判を浴びたであろう。日本においてそれが起こらなかったということは、誰も本気で中央銀行を政治から守る必要があると考えていなかったということだろう。

この点に関しては、経済学者にも責任がある。経済学者の中で「リフレ派」と呼ばれる人たちが、「デフレが日本経済の停滞の元凶だ」「それを克服するためならどのような政策でも試みるべきだ」という言説を積極的に支持(流布)し、節度ある金融政策を守ろうとする日銀を批判する側に回ったからである。

現代のマクロ経済学では、人々の将来の予想が現在の経済活動に与える影響が重視されている。人々の期待によって結果が変化する経済モデルを用いれば、「国民のデフレ期待が払拭されれば経済は再生する」というシナリオを描くことは容易である。しかし日本のことをほとんど理解していない海外の経済学者ならともかく、日本の経済学者がそうしたモデルをもとに異次元緩和を支持したのは、現実の経済の理解と政治的センスの両方を欠いていたからだと考えざるを得ない。

もともと政府や与党にとっては、選挙前に自由に景気刺激策を打ち出したり、増税や歳出カットを避けて中央銀行に資金を拠出させたりできるほうが都合がよい。しかしそうしたことが横行すると景気や物価が不安定化し、長期的には誰にとっても望ましくない結果になる。そのため、政府があえて自らの手を縛り、一国全体にとって最適な金融政策を行いやすい環境を整えようというのが中央銀行の独立性の目的だった。しかし政府にそうした節度を守らせるためには、国民がそれを積極的に支持し、政府の機会主義を牽制する必要がある。

日本でも一九九七年に日銀法が改正され、形式的には中央銀行の自律性と独立性が強化された。しかしよく知られているように、このときの法改正は、失政や汚職が相次いだ旧大蔵省の日銀への影響力を制限することを意図した懲罰の性質が強かった。* 国民も学者もマスメディアも本気で日銀の独立性の社会的価値を信じていなかった以上、安倍首相のようにそれを否定することが自らの得点になると考える政治家が現れるのは時間の問題だったと言える。

＊ それ以前にも政策金利決定への政治的介入を制限する方向で日銀法を改正することが検討されたことがあるが、与党の支持が得られず頓挫している。

それでは、経済学者でも政治家でもない黒田氏らが積極的に異次元緩和を推進してきたのはなぜだろうか。もちろん、黒田氏もリフレ派の経済学者と同様に、「期待が変われば経済が変わる」という言説を本気で信じていたのかも知れない。しかし同氏の発言や過去の著作から推察する限り、大胆な金融緩和によって為替レートを大幅な円安に誘導すれば、経済がすぐに復活し、デフレも自然に解消すると考えていた節がある。*

＊ 第一章において見たように、異次元緩和開始時点で円の過大評価は十分に解消していたと思われる。それにもかかわらず、黒田氏は「一般論ですが、金融緩和した国の通貨は弱くなる」などと発言し、さらなる円安を促していた（『日本経済新聞』二〇一三年四月六日朝刊）。

実際、黒田氏には前職の財務官時代に前科がある。第一章で見たように、日本において「為替相場が均衡為替レートに比べて必ずしも極端な円高でないにも拘らず」「諸外国の通貨当局の十分な支持や協力を取り付けることなく」「巨額かつ円売り一本やり」の為替介入が行われるようになったのは、黒田氏が財務官に就任した一九九九年以降のことである。

確かに、当時の日本経済は消費税率引き上げや金融危機による不況からようやく回復し始めたところで、その足取りは力強さを欠いていた。しかし第一章で解説したように、均衡為替レートを超える円安を演出して一時的に景気が好転しても、のちに大きな揺り戻しが発生する。また、第二章で見たように、財務省が円売り介入を行えば行うほど政府の短期債務が増加し、その一方で、簡単に売却できない外貨資産も積み上がってゆく。さらに現行の会計基準の下では、外貨準備が増えるほど外為特会から一般会計への繰入金が増加し、政府の財政に対する危機感が弛緩する。

財務官時代の黒田氏は、こうしたことをすべて理解した上で巨額の円売り介入を行っていたはずである。財務官の任期はせいぜい二〜三年で、財務官退任と同時に財務省から離れることが就任時に（事実上）決定している。したがって黒田氏が主観的には日本経済を救うために必死で円高と闘っていたとしても、それが惹き起こすあらゆる問題は後継者が対処すべきことで、自分の責任の範囲外だと考えていたことになる。

このように考えると、黒田氏が日銀総裁として推進してきたことと、財務官時代にやったことが酷似していることに気付く。財務省がFBを発行して事実上無制限に外貨を買い入れることができるのと同様に、日銀が貨幣（日銀当座預金）を発行すればいくらでも公債を買い入れることが可能である。しかし外貨や国債を買うのは簡単だが、市況に大きな影響を与えないようにそれらを処分するのは至難の業である。

異次元緩和が長期化する中、日銀が正常な金融政策に復帰することができるのかどうかを心配する声が強まっている。黒田氏は「出口の議論は時期尚早」として口を噤んでいるが、異次元緩和にはもともと出口などない。黒田氏はそれを承知の上でやっているはずだし、自分の総裁在任中にもとの状況に復帰し、後継者の手足を縛らないようにすることを自分の義務だとも考えていないだろう。

黒田氏は、こうした批判は見当はずれだ、異次元緩和はあくまでもデフレ対策であって、円安政策でも財政ファイナンスでもないと主張するに違いない。しかし事実を冷静に観察する限り、日銀はすでに政府財政に過剰な協力を行っているし、自らも円高や株安の可能性に怯えている。本章の最後に、これらの点について見ておこう。

図表3-6は、円ドルレートと株価、そして日銀の信託財産（株式とETF、J-REIT）の残高の推移を、日銀の金融政策の変更のタイミングとともにグラフに描いたものである。日本では従前から為替相場と株式相場の関係が緊密だったが、異次元緩和開始以降はそうした傾向がいっそう強まった。これはたまたまそうなったわけではなく、政府と日銀が以下の方法で人為的に演出したものである。

まず、日銀が異次元緩和によって国債を大量に買い上げ、長期金利を極限まで引き下げる。民間金融機関は国債に投資していても商売にならないので、株式や海外への投資を増やさざるを得ない。ただでさえ株価が上昇しているときに金融機関の海外投資によって円安が進み、輸出企業の業績が改善すると、株価の押し上げ効果はいっそう強化される。異次元緩和はETFやJ-REITも継続的に買い入れるため、株価や地価を直接的に下支えする効果も持ってい

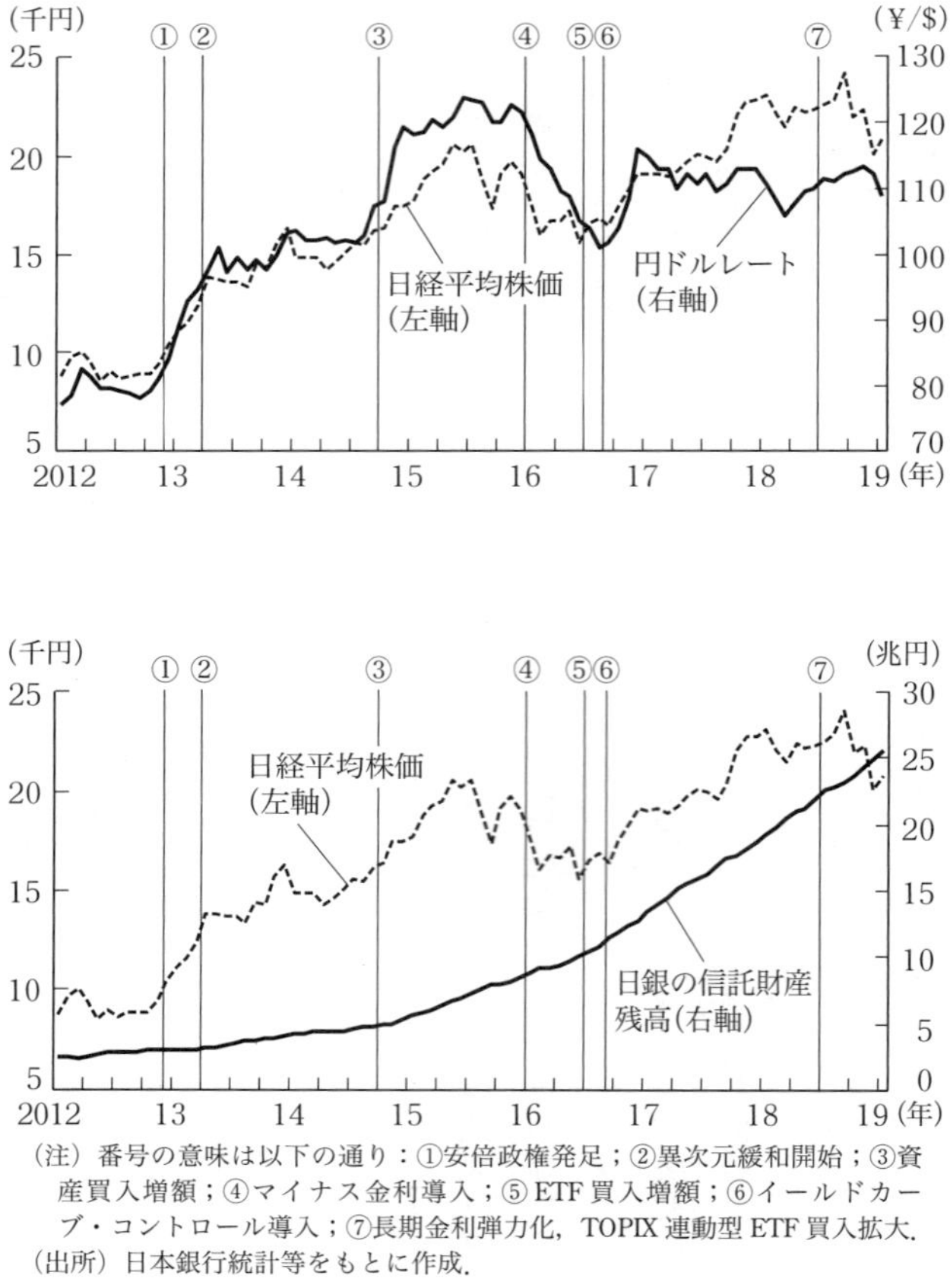

(注) 番号の意味は以下の通り：①安倍政権発足；②異次元緩和開始；③資産買入増額；④マイナス金利導入；⑤ ETF 買入増額；⑥イールドカーブ・コントロール導入；⑦長期金利弾力化，TOPIX 連動型 ETF 買入拡大．
(出所) 日本銀行統計等をもとに作成．

図表 3-6　為替レートと株価の推移

る。政府もGPIFのポートフォリオを日本国債から株式や外貨資産にシフトさせ、株高と円安を煽ってきた。こうしたことが大規模に行われたため、日本では、債券、株式、不動産、為替のすべての市場が官製相場になってしまった。

しかし第一章で解説したように、為替レートは長期的には国際間で貿易財の価格が一致する水準に回帰する。株価や地価を自由に操作しつづけることも難しい。黒田氏は異次元緩和の開始時に「やれることは最初から全部やる。戦力の逐次投入はしない」と強調していたが、その後、為替相場が反転して株式市場が動揺するたびに政策を調整してきた。二〇一四年末の資産買入増額や二〇一六年一月のマイナス金利導入は、いずれも為替市場が円高に振れた直後に実施されている。*為替レートがボックス圏入りして株高を演出しにくくなった二〇一六年後半以降は、ETFの買入額を増やすなどして株式相場の下支えを強化するようになった。

＊　図表3-6では各月の平均値のデータを用いているために分かりづらくなっているが、日次や週次のデータを見ると、政策委員会が短期的な為替相場や株式相場の変動に敏感に反応していることがよく分かる。

前章において外為特会が一般会計の財務状況の悪化を糊塗するための子会社のようになっていることを見たが、そのことは日銀に関しても同様である。図表3-5で見たように、異次元緩和は、本来の債務者である政府の財務リスクを日銀が肩代わりするのに等しい政策である。しかし日銀の財政への協力はそれだけにとどまらない。外為特会が毎会計年度の繰入金を通じて一般会計に貢献しているのと同様に、日銀も納税金と国庫納付金を通じて一般会計の帳尻合わせに直接的に協力しているからである。

この点を確認するために、図表3-7を見てみよう。この表は、過去一〇年間の日銀の貸借対照表と損益計算書の中から、参考になる数値を抜き出したものである。中央の横線より上が貸借対照表、下が損益計算書の計数である。

上段の計数から、異次元緩和開始後に日銀のバランスシートが劇的に膨張したことを確認できる。その大半は国債だが、信託財産や貸出金も増加している。信託財産を構成する株式やETF、J-REITは元本保証も償還日もない高リスク資産である。貸出金は二〇〇〇年代までは民間銀行の資金繰り支援を目的とした従来型の短期貸付金だったが、二〇一〇年以降、「成長基盤強化を支援するための資金供給」や「貸出増加を支援するための資金供給」の名目で民間金融機関を経由した事業融資が行われるようになった。

今日の先進国の中で、間接的とはいえ、中央銀行がこの種の企業金融に手を染めている国は少ない。開発途上国では中央銀行が政策金融機関の役割を兼務することが少なくないが、それ

図表 3-7 日本銀行の保有資産と剰余金(単位：100 億円)

年度	2008	2009	2010	2011	2012	2013	2014	2015	2016	2017
総資産	12,389	12,182	14,236	13,946	16,481	24,158	32,359	40,565	49,009	52,829
国債	6,427	7,307	7,730	8,725	12,536	19,834	26,979	34,920	41,771	44,833
金銭信託	115	143	170	235	304	437	607	923	1,451	2,046
貸出金	3,273	3,578	5,614	3,900	2,549	2,631	3,410	3,405	4,466	4,641
外国為替	1,086	502	469	587	553	616	711	670	661	637
純資産(のぞく当期剰余金)	262	266	268	269	271	271	289	314	316	318
債券取引損失引当金	224	224	224	224	224	224	224	269	316	360
外国為替取引損失引当金	79	79	79	79	110	141	179	158	151	140
経常利益	44	37	5	54	113	128	171	76	110	123
国債運用益(純)	67	61	62	62	62	81	104	129	119	122
金銭信託財産運用益(純)	0	3	1	−2	1	9	12	17	40	55
貸出金利息	13	4	4	4	3	3	3	3	1	0
外国為替利益(純)	−4	−10	−41	11	68	63	86	−33	−14	−17
剰余金(税引前)	44	37	6	55	84	98	135	52	71	89
法定準備金積立額	5	2	1	3	3	14	25	2	3	4
国庫納付金	26	35	4	50	55	58	76	39	48	73
国庫納付金(予定額)	67	33	29	28	41	64	82	54	30	54
納税額＋国庫納付金	39	35	5	52	81	84	110	50	68	85

(注) 国庫納付金(予定額)は翌会計年度の当初予算において歳入の一部として予定されていた納付金の金額.
(出所) 日本銀行財務諸表をもとに作成.

では業務の政治性が強くなり、中立的な立場で金融政策を行うことが困難になる。そのため、日本を含む先進国の中央銀行は時間をかけてそうした政策金融から足を洗ってきたが、日銀はあっさりと先祖返りしてしまった。本書の執筆時点で、日銀の貸出金の貸付期間は最長四年、金利は〇％である。将来、日銀が資金を貸し付けている金融機関の財務状況が著しく悪化したとして、その金融機関を破綻させることができるだろうか。

日銀の資産の中には、外国為替(外貨資産)も含まれている。前章で解説したように、日本では財務省と日銀がそれぞれ外貨を保有し、しかも独立に運用している。しかし現実には外為特会と日銀の運用状況はよく似ている。第一に、どちらの機関もいったん買った外貨をいっさい売却せず、外貨資産が生む利息まで再投資している。第二に、外貨資産の為替リスクはほとんどヘッジされていない。第三に、外貨の多くが外国の債券に投資されているが、最近になるほど残存期間の長い債券の比率が上昇し、優良債券を品質の劣る資産に交換して利鞘を稼ぐレポ取引も行われている。

次に、図表3-7の下段に示した損益計算書の計数を見てみよう。これらの計数を解釈する上で重要なのは、日銀は外貨に関して時価会計を行っているが、円建て資産に関しては簿価会計(ないしそれに近い経理)を行っており、保有資産の市場時価の変動が毎年度の損益計算に影響を与えにくくなっていることである。

日銀の資産に占める国債の比率が高いことから、国債の運用益（クーポン収入）は毎年度の利益の大部分を占めている。異次元緩和の開始以来、国債運用益が顕著に増加したが、これは保有資産の増加による増収効果が金利低下による減収効果を上回ったからである。しかし二〇一六年の長短金利操作（イールドカーブ・コントロール）の導入以来、一〇年物国債の金利が〇％に誘導されているので、後者の効果が大きくなり、直近では運用益が減少し始めている。

一方、信託財産は運用益の変動が大きい。これは投資信託の分配金が株価や地価の変動から大きな影響を受けるからである。これらの財産の相場が崩れたときに売却すると損失が確定してしまうし、相場の下落を加速させることになる。したがって日銀はすでに株価や地価の操作を止めることができない状況に陥っている。

さらに注目すべきなのは、日銀の資産総額に占める外貨の比率が一％強にすぎないにもかかわらず、その損益が毎年度の経常利益に大きな影響を与えていることである。たとえば、円高が進んだ二〇一〇年度には外貨の評価損が嵩み、民間金融機関の税引前利益に相当する剰余金が激減した。その結果、国庫への納付がほとんどできず、翌年度の一般会計歳入に大きな穴が空いてしまった。

前章において外為特会が保有外貨の為替評価損益を無視して損益計算を行っていることを見たが、この点に関する限り、日銀は外為特会より健全な経理を行っていると言える。しかし二〇一〇年度決算において国庫納付金が激減したことは、政府や与党議員に恰好の日銀批判の材料を提供することになってしまった。たとえば、参議院の財政金融委員会は、二〇一一年の「平成二十二年度歳入歳出の決算上の剰余金の処理の特例に関する法律案に関する附帯決議」において、日銀に「適正な資産管理や効率的な業務運営を行いつつ、外貨資産の保有及びリスク管理の在り方について検討する」よう命じている。

日銀がこの批判に忠実に応えようとするなら、外貨をすべて売却するか、国債（ないしFB）とスワップする形で政府に移管してしまうことが望ましい。しかしその後に日銀が発表した「保有外貨資産の管理の見直しについて」という文書を見ると、「今後は、従来以上に安全性と流動性を重視した管理を行う」と述べながら、「わが国の企業が拡大するグローバル需要を取り込んでいくことは、わが国経済の成長基盤を強化するうえで重要になっている」ことから、「成長基盤強化に資する外貨建て投融資を対象とした米ドル資金供給の円滑な遂行に備える」方針が示されている。そしてその具体策として、二〇一二年に「成長基盤強化を支援するための資金供給」にドル建ての融資スキームが追加され、外貨の一部が民間金融機関経由で事業会社の海外進出支援に充てられることになった。本書の執筆時点で、その金額は日銀の外貨保有残高の四割近くに上っている。

上述したように、「成長基盤強化を支援するための資金供給」は政治性の強い政策金融であり、中央銀行の業務としてはアナクロニズムである。また、それまで外貨預金や外債の形で運用していた資金を民間機関に貸し付けるということは、流動性が高く低リスクの資産を流動性ゼロで未回収リスクを孕む資産と交換することを意味する。こうした貸付は「従来以上に安全性と流動性を重視した管理を行う」という方針と明らかに矛盾するが、それでも日銀がそれを行うことにしたのは、日銀を批判した国会議員の真意がどこにあるかをよく理解していたからだろう。

ところで、日銀の貸借対照表には、資本金や法定準備金以外に保有資産の取引損や価値の棄損に備えるための引当金勘定が設けられている。図表3‐7では、「債券取引損失引当金」と「外国為替取引損失引当金」がそれに該当する。

日銀の会計規程（第一八条）では、自己資本比率が一〇％程度に維持されるように債券と外貨の引当金を調整するものとされている。しかしここで言う自己資本比率とは「引当金を含む自己資金の日銀券（紙幣）発行残高に対する比率」のことであり、「自己資金（純資産）の総資産に対する比率」として定義される通常の自己資本比率ではない。正常な金融政策の下では日銀券発行残高と日銀の総資産は似たような値になるので、両者の区別は必ずしも重要でない。しかし異次元緩和によって保有資産が膨らむ中、日銀の定義による自己資本比率は財務の健全性の指標としての意味を失っている。

本書の執筆時点で日銀の純資産が八兆円強にすぎないのに対し、長期国債の保有額は四六〇兆円を超えている。保有国債のデュレーション（クーポンを含む平均償還期間）が七年程度であるため、長期金利が一％上昇するだけで三〇兆円以上の評価損が発生する計算になる。国債に関しては簿価会計なので、ただちに損失が表面化するわけではないが、金利を引き上げれば保有株式等の価格も下落する可能性が高く、日銀の含み損はどんどん膨らんでゆく。

図表3‐7を見ると分かるように、異次元緩和開始後に国債や社債の保有額が急増したにも拘らず、日銀は最近まで債券取引の損失引当金を増やすことをまったく行っていなかった。この間、日銀の定義による自己資本比率ですら八％前後にとどまっていたので、自行の財務の健全性を守る意志を失っていたと考えるしかない。

確かに、日銀は二〇一三年度と二〇一四年度に日銀法の規定（決算剰余金の五％）を超える金額を法定準備金として留保している。ただしこうしたことを行うためには、そのつど財務省と交渉して同意を得る必要がある。そこで日銀は財務省の許可を得て、二〇一五年度から債券取引損失引当金に新たな積立を行って自己資本を増やす方法に切り替えた。それまで不変だった債券取引損失引当金が二〇一五年度から増加しているのはそのためである。

新聞等では、こうした処理によって日銀の財務が盤石になったとか、政府と日銀の間で異次元緩和の財務コストが分担されるようになったといった報道が行われたが、こうした解釈は的外れである。今後は債券取引の利益がどんどん減少することが確実なので、その中から引当金として留保できる金額もわずかにとどまるからである。

また、図表3-7の最下段の計数を見ると分かるように、財務省がこれまでのところ日銀の自己資本積み増しに寛容な態度を示しているのは、そうした積み増しを行っても十分な金額を国庫に納付できているからである。仮に将来、為替レートが大幅な円高に振れたり株価が急落したりして納税額や国庫納付額が滞る事態が発生した場合*、財務省や政治家の態度は一気に硬化するだろう。

＊　株価が下落して保有する信託財産が簿価を下回った場合、日銀はそれらに関しても引当金を積まなくてはならない。

実は、日銀も二〇一〇年度決算時のような事態が再び発生しないように手を打っている。従来、日銀は、円安が進んで外貨資産の為替差益が生じた年にはその半額を外為取引損失引当金に積み立てる形で留保し、逆に円高が進んで為替差損が生じた年にはその全額を決算損益に反映させるという非対称な取り扱いをしていた。日本のように外国よりインフレ率が低い国の場合、長期的には自国通貨が外国通貨に対して増価して為替差益より為替差損の方が大きくなるため、こうした取り扱いをするのは当然である。

しかし債券取引損失引当金を積み増すようになった二〇一五年度以来、日銀は為替差損の半額分の外為取引損失引当金を取り崩し、剰余金の下振れを緩和するようになった。仮にこうした調整を行わずに債券取引損失引当金だけを増やしていたとしたら、二〇一五年度決算後の国庫への納付金は財務省が予定していた金額の半分程度にとどまり、一般会計の歳入に無視できない影響が生じていたはずである。

現状で日銀の自己資本は保有資産のリスク量に比べて非常に少ないので、本来はどのような引当金であっても取り崩してはいけないはずである。そうしたことを重々承知している日銀がこうした会計処理を行うようになったのは、自行の財務の健全性を守ることよりも、一般会計を支援することを優先している証拠である。すなわち、外為特会と同様に、日銀も自己のバランスシートに巨大なリスクを貯め込みながら一般会計の歳入不足を糊塗するための子会社のようになってしまっている。これが財政ファイナンスでなくして何であろうか。

第４章　財政政策

――「経済成長なくして財政再建なし」？――

日本の財政がきわめて深刻な状況にあることは今さら指摘するまでもないだろう。政府は一九七五年度から歳入不足を穴埋めするために赤字国債を発行するようになり、その後、債務残高がとめどなく増加してきた。ＩＭＦの統計によると、二〇一六年度末の日本の一般政府の債務総額は一二七九兆円に上り、同年度の名目ＧＤＰの二・四倍弱に達している。* この値は世界の国々の中で断トツの一位である。** しかも高齢化に伴い、今後の日本では社会保障関連支出が急増することが見込まれている。政府はこうした状況をどのように考えているのだろうか。

＊　「一般政府」とは、中央・地方政府と社会保障基金の合計を意味する用語である。日本では中央政府と地方政府、各種の社会保険制度の間で巨額の資金がやりとりされているため、財政の全体像を把握するためには一般政府ベースのデータを参照する必要がある。

＊＊「日本政府は借金も多いが資産も多いから問題ない」という人がいるが、後に見るように、債務から金融資産の残高を引いた純債務のGDP比もきわめて高い。また、政府の金融資産の中には容易に取り崩すことができないもの（第二章で解説した外貨など）や、その経済的価値が疑わしく、将来追加出資を迫られる可能性が高いもの（政府関係機関への出資金など）が多く含まれている。

日本政府の財政運営のスローガンは「経済成長なくして財政再建なし」である。たとえば、二〇一四年度の「経済財政運営と改革の基本方針」（通称「骨太の方針」）には、以下のような記述がある。

経済再生なくして財政健全化はない。また、財政健全化なくして経済再生はない。このため、経済再生と財政健全化の好循環構築が不可欠である。財政健全化については、歳出・歳入両面の最大限の努力により、現下の著しく悪化した財政状況が経済再生の進展を損なうことがないようにするとともに、高齢化に伴って裁量的経費が相対的に縮減していく中で、より効果的に成長・発展に資する歳出となるよう重点化・効率化を図る。歳入面でも、成長志向型の税体系を目指していくという観点から取り組んでいく。

この記述は表面的には経済再生と財政健全化を並列的に扱っているが、「経済再生なくして財政健全化はない」という文が「財政健全化なくして経済再生はない」という文より先に来ていることからも分かるように、当面は財政再建を棚上げして経済活性化に邁進したいというのが本音だと思われる。しかし「経済成長なくして財政再建なし」というスローガンには二重の欺瞞が存在する。

第一の欺瞞は、政府の目指す高い経済成長率が現実的でなく、政府がそのことに薄々気づいているにもかかわらず、それを変更しようとしないことである。二〇一二年末に発足した安倍晋三内閣は、当初から「名目で年率三％、実質で二％」という経済成長の目標を掲げているが、この目標は達成されていない。実現可能性の低い目標が達成されるまで成長政策優先でゆくとしたら、いつまでたっても財政再建の努力が行われないことになってしまう。

第二の欺瞞は、経済成長が財政再建の必要条件でも十分条件でもないことである。確かに、景況が不調なときより好調なときの方が財政改革を進めやすいことは事実である。しかし財政の健全性を確保できるか否かは、究極的には政府のやる気と責任感にかかっている。しかし今日の日本政府にはそうしたやる気と責任感が決定的に欠如している。本章では、これらのことについて解説する。

1　政府の経済成長目標は現実的か

第二次安倍内閣は、発足から半年ほど経った二〇一三年六月に「日本再興戦略」という文書を発表した。その冒頭の「成長戦略の基本的考え方」という節には、

今回の成長戦略を始めとする三本の矢を実施することなどを通じて、中長期的に、二%以上の労働生産性の向上を実現する活力ある経済を実現し、今後一〇年間の平均で名目GDP成長率三%程度、実質GDP成長率二%程度の成長を実現することを目指す。二〇一〇年代後半には、より高い成長の実現を目指す。その下で、一人当たり名目国民総所得(GNI)は中長期的には年三%を上回る伸びとなり、一〇年後には一五〇万円以上増加することが期待される

と述べられていた。この文書の発表から本書の執筆時までに五年半以上が経過しているが、その間の日本経済のパフォーマンスはどのようなものだっただろうか。

図表 4-1　アベノミクス開始前後の実質国内生産の推移

需要項目	水準(2012 年＝100)			変化率(年率換算値)	
	2002	2012	2017	2002/2012	2012/2017
実質 GDP	93.0	100.0	106.6	0.7%	1.3%
家計最終消費	94.6	100.0	101.3	0.6%	0.3%
民間住宅	136.0	100.0	111.0	−3.0%	2.1%
民間企業設備投資	93.2	100.0	117.0	0.7%	3.2%
政府最終消費	88.3	100.0	105.4	1.3%	1.1%
公的固定資本形成	149.7	100.0	106.8	−4.0%	1.3%
輸出	64.2	100.0	123.0	4.5%	4.2%
輸入(控除項目)	74.8	100.0	114.6	2.9%	2.8%

（注）家計最終消費は持家の帰属家賃を除く.
（出所）内閣府経済社会総合研究所「国民経済計算」をもとに集計.

図表４-１は、第二次安倍政権が発足した二〇一二年以前とそれ以後の日本の実質ＧＤＰの変化を比較したものである。それによると、政権発足前の一〇年間の実質経済成長率(年率換算値、以下同様)が〇・七%だったのに対し、発足後の五年間の実質経済成長率は一・三%になっている。したがって、政府が目指す二%には及ばないものの、政権発足前に比べるとやや高い成長率が達成されていることになる。

しかしそのことを現政権の功績だと考えてよいだろうか。図表４-１においてＧＤＰを構成する主要な需要項目の成長率を見ると、二〇〇二〜二〇一二年に減少していた住宅投資と公共投資(公的固定資本形成)が二〇一二〜二〇一七年にはプラス成長に転じている。また、民間企業の設備投資は二〇〇二〜二〇一二年に実質ＧＤＰの上昇率とほぼ等しい年率〇・七%の成長だったが、二〇一二〜二〇一七年には実質GDPの成長率を大幅に上回る三・二%になっている。二〇一二〜二〇一七年の成長率が二〇〇二〜二〇一二年の成長率を大幅に上回っているのはこれら三項目だけなので、それらが実質経済成長率の上昇の主因だったことは間違いない。

しかし日本では総人口が減少している上にすでに住宅ストックが過剰になっているので、住宅投資が実質GDPを超えて増加する現象は明らかに持続的でない。また、日本ではもともと他の先進諸国に比べて資本係数(資本ストックのGDPに対する比率)が高い上に上昇傾向にあり、既存の資本が効率的に使用されていない(又は非効率な設備投資が行われている)可能性が指摘されてきた(熊倉 二〇一六)。そうした国において設備投資がGDPを大幅に上回るスピードで増加すると、生産活動がますます非効率になるだけでなく、GDPが増加しても設備の更新費用がそれ以上に膨らみ、国民の所得がむしろ減少してしまう可能性がある。最後に、もともと日本では他の先進諸国に比べてGDPに占める公共投資の比率が高く、そのことも資本効率の低下の一因になっていた。一九九〇年代後半になって政府はようやく公共投資の削減に取り組みはじめたが、第二次安倍政権発足後は公共投資のGDP比が緩やかな上昇に転じている。

言うまでもなく、こうした変化は自然に発生したものではなく、政府が意図的に生み出したものである。安倍政権は「機動的な財政政策」や「国土強靭化」の名目で裁量的な公共事業を増やしつつ、租税措置などを通じて民間部門の住宅・設備投資を促進してきた。住宅・設備投資の増加に関しては、日銀の異次元緩和によって借入金利が引き下がったことの影響もあったと思われる。しかしこれらの政策によって喚起された投資は、将来の需要の先食いであるか、ひとたび金利が正常な水準に戻るとただちに不良債権化しかねない性質のものだった可能性が高い。

ところで、図表４-１の需要項目のうち、アベノミクス開始前後で増加率があまり変わっていないのが家計最終消費と政府最終消費である。ただし伸び率は政府最終消費のほうがずっと高い。政府最終消費の中には、高齢者向けの社会福祉サービスの中で社会保険制度を通じて費用が賄われているものが多く含まれている。＊日本では消費の伸びが弱いと言われることが多いが、総人口が減少し、総人口に占める高齢者の比率が上昇している以上、消費の中心が医療・福祉サービスにシフトするのは当然である。

＊　本来、消費の主体は家計だが、公的サービスの中で受益者を特定できないものは政府が国民になり代わって消費したとみなし、政府最終消費と呼んでいる。図表３-４の「家計現実最終消費支出」と図表４-１の家計最終消費支出の差が政府最終消費にほぼ対応する。

上記のことを考えると、安倍政権下の年率一・三％という実質経済成長率は高すぎた可能性が高く、長期的に持続可能な成長率はもっと低いと思われる。しかし上述の「日本再興戦略」や「骨太の方針」を読むと、日本経済が長期停滞に陥ったのは国民がかつての自信を失ったからだ、日本経済が本来の力を発揮すれば二%の成長は十分可能だとくり返し書かれている。それは本当なのだろうか。

上記の疑問に答えるために、まず、図表4-2を見てみよう。この図のパネル(a)は、日本と他のG7諸国(アメリカ、イギリス、カナダ、ドイツ、フランス、イタリア)の実質経済成長率の推移を辿ったものである。このパネルでは、かつてG7のトップだった日本の成長率が他の国々以上に低迷しているように見える。そして他の国々の中に直近でも年率二%を上回る成長率を維持している国があることから、日本にもそれができるはずだと考える人がいるのではないだろうか。政府の認識もそうしたものだと思われる。

しかし日本と他の国々とでは決定的に異なる点がある。それは、日本ではすでに勤労世代人口が減少しており、今後それが加速することである。また、日本ではもともと他の先進諸国に比べて国民の労働時間が極端に長く、それがGDPを押し上げる効果を持っていた。しかし国民が豊かになれば、それ以上働いて所得を増やすことより、休息や余暇に充てる時間を確保することを望むようになる。そうして国民が労働時間を減らせばその分だけ経済成長率は低下するが、そのことを経済停滞と見做すのは誤りである。

上記の点を考慮して、図表4-2のパネル(b)では、G7各国の実質経済成長率から国民の総労働時間の増減率を引いた労働生産性(労働時間当たりの付加価値)の変化率をプロットしてみた。

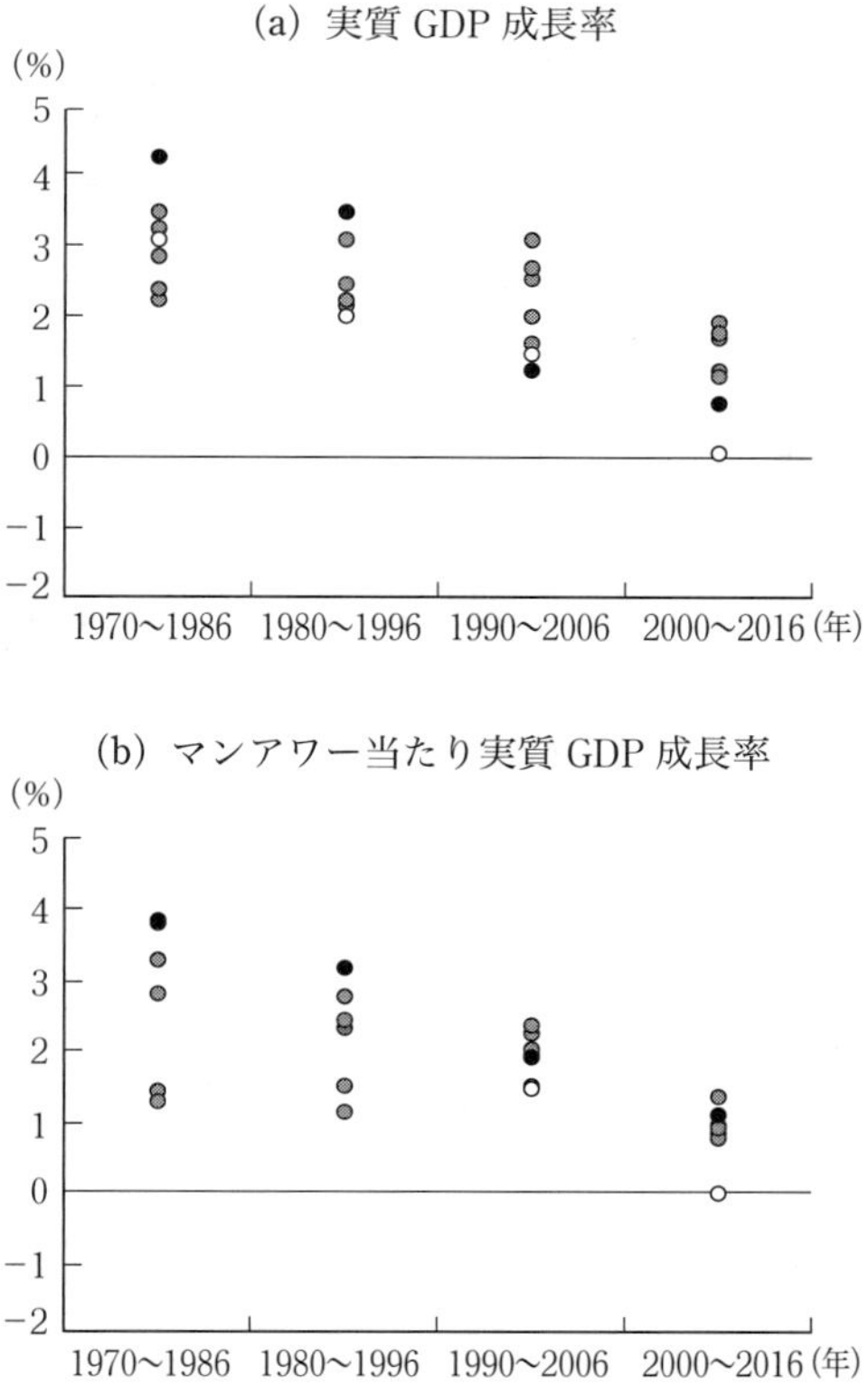

(注) ●が日本，○がイタリア，灰色の点がその他の国々を表している．データの制約により，パネル(b)のイタリアは1990年以降のみ．

(出所) OECD.stat をもとに集計．

図表 4-2 G7の実質経済成長率の推移

このパネルを見ると、イタリア以外の国々の労働生産性上昇率が年率一％の近傍に収束してきていること、日本の上昇率が直近でも他の国々と同じかむしろ高かったことが分かる。したがって、政府や日銀が言うように近年の日本経済が看過できないほど停滞していたのだとすると、他の先進諸国も日本と同じかそれ以上に深刻な経済停滞に見舞われていたことになる。確かに日本の労働生産性は低下傾向にあるが、それが他の先進諸国においても共通の現象である以上、その原因を国民の自信喪失などに求める議論には説得力がない。

次に、図表4-3は日本の生産年齢人口の変化率の推移と将来の予想値を示したものである。標準的な定義による生産年齢は一五～六四歳だが、日本の実情を考慮し、ここでは二〇～六九歳の人口の変化率を示している。また、参考として、二〇一五年までの労働力人口の変化率も示している。労働力人口とは、一五歳以上で就労の意思を持つ人々の数のことで、就業者と失業者を含んでいる。労働力人口が景気とともに変動することを考慮し、ここでは生産年齢人口、労働力人口とも、対前年変化率を五年ごとに平均した値を示している。

一九八〇年代から一九九〇年代前半にかけては労働力人口の増加率が生産年齢人口の増加率を上回っていたが、これは女性の労働参加が進んだためである。また、二〇一〇年から二〇一五年にかけて再び労働力人口の増加率が生産年齢人口の増加率を上回ったのは、高齢者雇用安

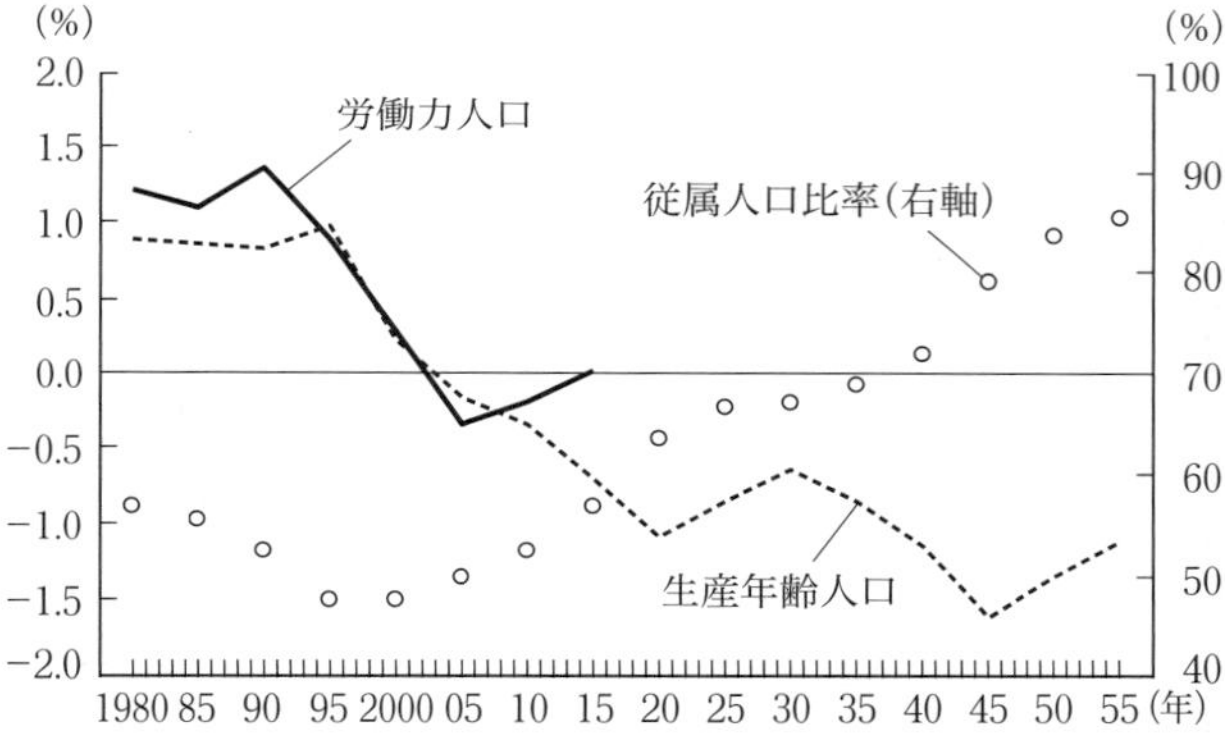

(注) 従属人口比率は19歳未満と70歳以上の人口の生産年齢人口に対する比率．労働力人口の将来推計は社人研推計の「出生中位・死亡中位」のケースによる．

(出所) 総務省統計局「人口推計」「労働力調査」及び国立社会保障・人口問題研究所「日本の将来推計人口」をもとに集計．

図表4-3 人口増加率の推移と将来推計

定法によって企業や官公庁に六五歳までの継続雇用が義務付けられたことによるところが大きい。本書の執筆時点で政府は企業に七〇歳前後までの継続雇用を促すことを検討しているが、こうした政策によって労働力の減少が緩和される効果は一時的なものであって、いずれ剝落する。

図表4-3を見ると分かるように、今後、日本の生産年齢人口は年率一%を上回るスピードで減少する。ここで注意したいのは、最近のように就労促進策によって一時的に労働力人口の減少が緩和されると、それが剝落したのちの労働力人口の減少率が一気に高まることだ。日本では出産・育児期の女性が離職して非労働力化する「M字カー

ブ」が問題視されてきたが、他の年齢層ではもともと男女とも他の先進諸国に比べて就労率が高く、女性や高齢者の雇用促進によって労働力を増やす余地はそれほど大きくない。また、高齢者と育児中の女性の中にはフルタイムの雇用を望まない人が少なくないので、これらの人々がマクロの労働力を増やす効果はいっそう小さくなる。*

* 労働力不足を緩和するもう一つの方法は外国人労働者を受け入れることである。日本政府は二〇一九年度から非熟練外国人労働者の受け入れを大幅に増やすことを予定しているが、二〇一九〜二〇二四年の五年間の受け入れ人数の上限は三四万人に設定されている。その間に日本人の生産年齢人口は三五〇万人近く減少するので、外国人労働者が日本の労働力不足を緩和する効果も限定的なものにとどまるだろう。

財政の持続性は長期的な課題なので、「経済成長なくして財政再建なし」というスローガンの真偽を見定めるためには、短期的な景気の影響は除外し、長期的にどれだけの経済成長が可能かを冷静に見極める必要がある。図表4-3において日本の労働力人口が長期的に年率一%を上回るスピードで減少すると見込まれていることと、図表4-2(b)において近年の日本の労働生産性の上昇率が年率一%程度だったことから判断すると、今後の日本において持続可能な実質経済成長率は〇%程度だと考えることが自然である。

ところが先に見たように、政府は年率二%以上の経済成長が可能だと主張している。労働力が毎年一%減少する中で年率二%超の実質経済成長率を達成するためには、労働生産性が毎年三%以上上昇することが必要である。しかし図表4-2(b)においてそうした高率の労働生産性の上昇を維持している国は存在しない。政府は日本人は優秀だから外国人にはできないことでも可能だと主張するかも知れないが、そうした考えには客観的な根拠がない。

それでも高い目標を掲げるのは悪いことではないと言う人がいるかも知れないが、政府のスローガンが「経済成長なくして財政再建なし」である以上、実力を超える経済成長の目標を掲げることは、財政再建をいつまでも先送りすることを意味する。また、目標を達成するために将来の需要を先食いする政策を実施したり、成長政策の名目でバラ撒き政策を続けると、経済の効率性と安定性がかえって損なわれてしまうだろう。

2　高齢化は財政危機の主因ではない

日本において赤字国債の発行が常態化した一九七五年以来、ほとんどの期間において政権党の座にあったのは自民党である。先に引用した「骨太の方針」において奇妙なのは、巨額の公的債務を生み出したのが当の自民党政権だったにもかかわらず、それが自らの影響の及ばないところで発生した天災であるかのように語られていることである。自民党の政治家だけでなく、学者の中にも日本の財政危機は予想外の経済停滞や高齢化が生み出したものだと主張する人が少なくないが、筆者はこうした考えは誤りだと考えている。

統計的な事実として、近年の日本政府の財政赤字拡大の主因が高齢化による社会保障関係支出の増加だったことは確かである。図表4-4は、日本の一般政府の収支バランスの推移を示したものである。この図では、財政全体の収支を社会保障関係の収支とそれ以外の歳入出の収支の和として描いている。それによると、二〇〇〇年代に入って社会保障関係収支の赤字が大きく膨らみ、それが財政全体の赤字の拡大をもたらしてきた。言うまでもなく、この財政赤字は政府が公債を発行するなどして穴埋めされている。

最近、政治家が集票を気にして高齢者優遇政策に傾斜する現象がしばしば「シルバー民主主義」と呼ばれている。確かに、有権者に占める高齢者の比率が上昇すると、公的年金を減額したり、医療サービスの窓口負担を増やしたりすることの政治的ハードルは高まる。一方で高齢者福祉の負担を現役世代に転嫁することにも限度があるので、公債を発行して財政の帳尻合わせを先送りすることの魅力が高まってゆく。こうした理由から、日本の公債・GDP比が諸外国に比べて高いのは高齢化が進んでいるからにすぎず、一人一票の民主政治の下ではどの国でもいずれ財政状況が悪化することが避けられないと考える人もいるようである。

しかしこうした考えは本当に正しいだろうか。日本の高齢化が諸外国より進行していることは事実だが、将来の人口や国民の年齢構成の変化を予測することは難しくないので、それを織り込んで社会保障制度を設計しておけば、高齢化が進んでも財政赤字や政府債務が止めどなく膨らむ必然性はない。日本においてそれが行われていないのは、政府が持続性のある社会保障制度を構築することを怠り、国民がそうした政府を選択してきたためである。このことを別言すると、日本の財政が危機的な状況に陥っているのは、民主主義の弊害や行き過ぎによるものでは必ずしもなく、国民が政治家に対して健全な政策を求める努力を怠ってきたという意味で、むしろ民主政治が未

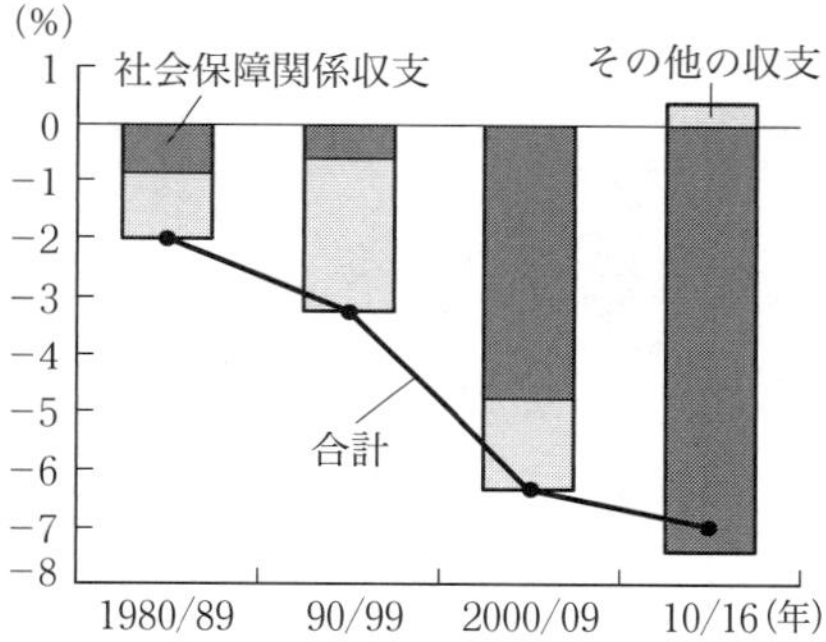

（注）社会保障関係収支は社会保険料収入と社会保障基金の運用収入から給付額を引いた値.

（出所）内閣府経済社会総合研究所「国民経済計算」及び国立社会保障・人口問題研究所「社会保障費用統計」をもとに集計.

図表 4-4 一般政府の財政収支・GDP 比の推移

熟なためだと思われる。

しかしこのように抽象的に述べても納得しない読者が多いと思われるので、ここで日本と他の先進諸国の財政の状況を客観的に比較し、それがどのような要因によるものかを考察してみよう。「一人一票の民主政治の下では高齢化とともに財政状況の悪化が不可避」という意見が正しいとすると、普通選挙などの形式的な民主政治が定着している国々の間では、高齢化が進むほど公的債務が増加する傾向が観察されるはずである。一方、「健全な財政運営には成熟した民主主義が不可欠」という考えが正しいとすると、国民が平素から政治や社会に関心を持ち、選挙やそれ以外のさまざまな経路を通じて意思表明を行っている国ほど政府の財政ポジションは良好になっているはずである。

世界にはそもそも普通選挙が行われていない国や言論の自由が認められていない国が少なくないが、こうした国々は日本の比較対象としては相応しくない。そこで、以下では一九七〇年代以前にOECDに加盟した国々(すなわち形式的な民主政治の歴史が日本と同じかそれ以上に長く、経済的にも高所得国に属する国々)のうち、人口が極端に少ないルクセンブルクとアイスランドおよび開発途上国に分類されることの多いトルコをのぞく二一か国を対象とすることにする。

二一か国の財政に関するデータは容易に手に入るが、問題はこれらの国々の民主政治の質をどのように測るかである。国際間で民主主義の質や定着度を比較するための指標はいろいろと考案されているが、これらの多くは民主政治の形式的要件が満たされているか否かに注目したもので、西側の先進諸国には最高点が付与されているケースが多い。しかしそうした指標ではここで問題にしている民主主義の成熟度を測る材料としては物足りない。

そこで、以下ではEconomist Intelligence Unit（英エコノミスト社グループの調査会社、以下ＥＩＵ）が毎年集計している民主主義指数（Democracy Index）を利用することにする。ＥＩＵの民主主義指数（の総合指数）は、五つの分野における合計六〇項目の評点の単純平均値として算出されている。これらの五分野には、民主政治の基礎的要件である「競争的な選挙制度（Electoral process and pluralism）」と「市民的自由（Civil liberties）」に加え、「政府が適切に機能しているか（Functioning of government）」、「国民の政治参加の度合い（Political participation）」及び「政治文化（Political culture）」が含まれている。個々の項目の評価に当たっては、専門家の意見だけでなく、国際的に比較可能な形式で実施されたアンケート調査（世界価値観調査など）の結果も利用されている。したがって、集計結果には客観的に観測可能な制度だけでなく、国民の政治に対する態度や公的機関に対する評価も反映されている。

図表4-5の上のパネルは、上述の二一か国に関して、縦軸に一般政府の純債務残高のＧＤ

P比、[*]横軸に老年人口指数（六五歳以上人口の二〇〜六四歳人口に対する比率）をとってグラフを描いたものである。もし高齢化とともに公的債務が累増することが不可避だとすると、このパネルは右上がりの散布図になっているはずである。しかし現実には横軸と縦軸の値の間にはっきりとした関係は認められず、グラフの右と下に外れている日本とノルウェーを除外するとほとんど無関係なようにも見える。[**]

＊ ここで総債務ではなく純債務残高を用いたのは、これらの国々の中に政府が資金調達の必要がないにもかかわらず金融市場の流動性を確保するために公債を発行している国があることに考慮したものである。

＊＊ この図では縦軸・横軸ともに二〇一五年の値を利用しているが、高齢化の進行が政府の債務残高に反映されるまでに時間がかかるとすると、老年人口指数には過去の（たとえば一〇年前の）数値を利用すべきだという意見があるかも知れない。しかし過去のデータを用いても結果はほぼ同じである。

ここに示した二一か国のうち、ノルウェーの純債務・GDP比だけが大きなマイナス値になっている（すなわち政府の資産が負債より多い）のは、同国の政府が原油の輸出代金を将来世代のために貯蓄して運用しているからである。燃料のほとんどを輸入に頼っている日本はノルウェーとは逆の立場にあるが、仮に日本政府がこの種の収入源を持っていたら、目先の都合に合わせて無計画に使ってしまいそうである。また、二〇一〇年に実質的な財政破綻を経験したギリシャは日本と同様に政府債務・GDP比が高いが、他の国々に比べて突出して高齢化が進んでいるわけではない。たとえば、スウェーデンの老年人口指数はギリシャより高いが、一般政府の

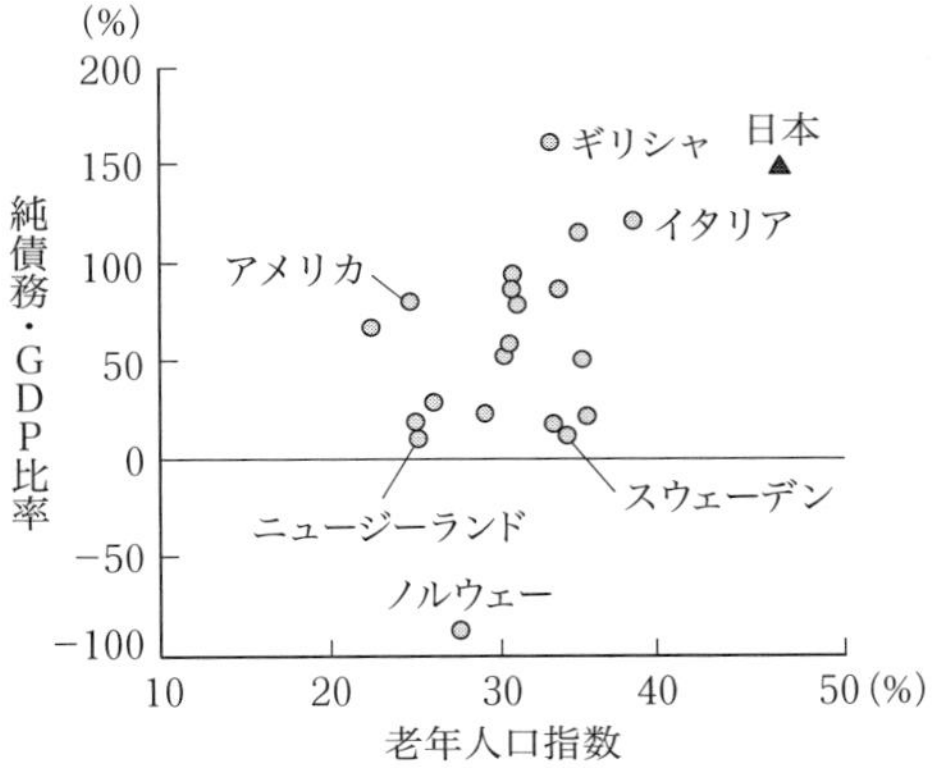

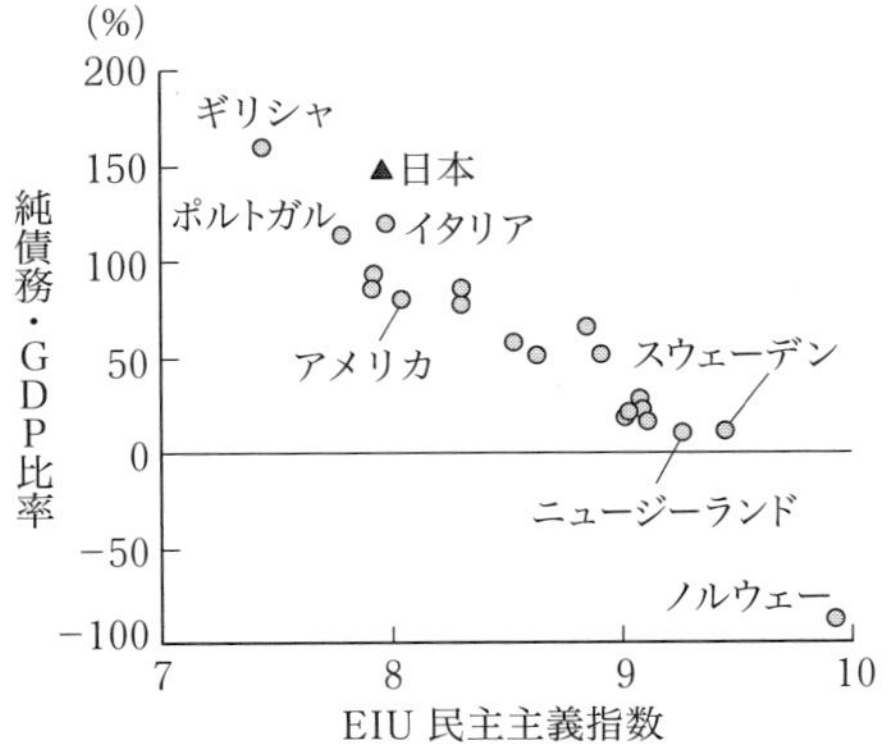

(出所) IMF, *International Financial Statistics,* World Bank, *World Development Indicators* 及び Economist Intelligence Unit, *Democracy Index 2015* をもとに集計.

図表 4-5 OECD 諸国の一般政府債務残高の GDP 比(2015 年)

純債務残高はきわめて少額にとどまっている。

次に、図表4-5の下のパネルは、縦軸に一般政府債務のGDP比、横軸にEIUの民主主義指数のスコアをとったものである。EIUの民主主義指数は〇から一〇の間の値をとるように集計されているが、ここに示した国々の最低値はギリシャの七・四五である。数値が大きいほど民主政治が定着していることを意味しているので、「健全な財政運営には民主主義の成熟が不可欠」という仮説が正しければ、このパネルは右下がりの散布図になるはずである。この予想は明らかに的中しており、民主主義指数の値が小さい日本や南欧諸国の公債・GDP比が非常に高い一方、民主主義指数の値が大きい北欧諸国やニュージーランドの公債・GDP比は押しなべて低くなっている。図表4-5の二つのパネルを見る限り、日本の財政危機の原因を「過剰な民主主義（＝シルバー民主主義）」に求める見解より「民主主義の未成熟」に求める見解のほうが説得力がありそうである。

ただし民主主義はきわめて多面的な概念なので、そのどのような側面が政府の財政管理と深く関係しているかをもう少し詳しく調べてみよう。EIUは図表4-5に示した民主主義の総合指数に加え、先述した五分野別のスコアも公表している。そこで、上記の二一か国を総合指数のスコアの高い順に左から並べ、併せて各国の五分野別のスコアをプロットしてみたのが図

表4-6である。

この図によると、どの国においても「選挙制度」と「市民的自由」のスコアは押しなべて高く、総合点を左右しているのはそれ以外の分野のスコアである。公債・GDP比が高い国々のうち、ギリシャやポルトガル、イタリアなどの南欧諸国の中には「政府の機能」のスコアが低い国が多い。これらの国々の中には、汚職や利益集団の政治過程への介入などにより、国民が政府や政治家に対して不信感を抱いているケースが多いようである。

日本においても「政府の機能」分野のスコアは高くないが、総合点を引き下げ

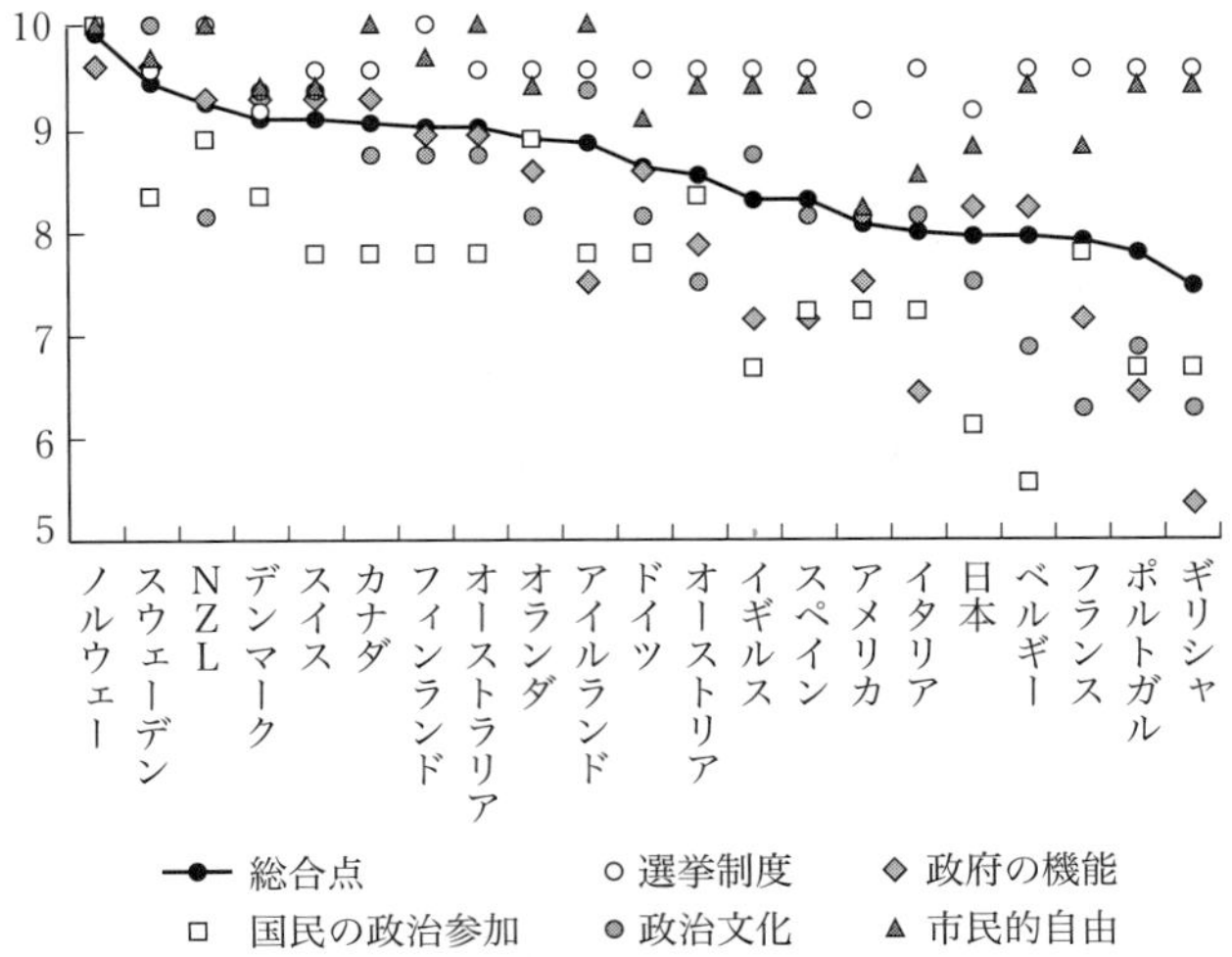

（出所） Economist Intelligence Unit, *Democracy Index 2015* をもとに作成.

図表 4-6 民主主義指数の分野別スコア（2015 年）

ているのは「国民の政治参加」と「政治文化」であり、とくに「国民の政治参加」のスコアが低い。「国民の政治参加」分野の項目の中には「国政選挙における投票率」や「国会における女性議員の比率」なども含まれるが、国民が「政治に関心を抱いているか」、「平素からメディアなどを通じて政治をフォローしているか」、「合法的なデモ行動に参加した経験や参加する意思を有しているか」等に関するアンケート調査の結果も含まれている。この分野のスコアが低い他の国々においても公的債務・GDP比は高く、国民が政治への関心と参加意欲を欠く国において無計画な財政運営が行われやすくなる可能性が示唆されている。

上記の分析はきわめて単純なものなので、専門的な立場からは色々な批判や疑問があるだろう。たとえば、健全な財政管理の前提として成熟した民主主義が不可欠だとしても、高齢化が進む国において財政管理が難しくなることもまた事実なのではないかという疑問がありそうである。筆者もそのことは否定しないが、シルバー民主主義の弊害を強調しすぎることも適切でないと考えている。ややテクニカルな説明になるが、先の二一か国の純債務・GDP比を被説明変数、ＥＩＵの民主主義指数と老年人口指数を説明変数とする回帰分析を行うと、民主主義指数がきわめて強い説明力を示すのに対し、老年人口指数の影響は統計的に有意でなく、日本を除いて推計するとほぼ無相関になる。つまり、図表4-5の上パネルにおいて老年人口指数と純債務・GDP比に正の相関関係があるように見えたとしても、高齢化→政府債務の累積という直接的な因果関係は統計学的に支持されないということである。

3　政府の財政健全化目標の変化

日本政府が増税や歳出削減を避けて公債を乱発するのは今に始まったことではないが、自民党が政権党に復帰した二〇一二年以降、そうした傾向がより強まっているように見受けられる。その一つの理由は、リーマン・ショック後の不況の只中に下野を強いられた経験から、常に好景気を演出していないと自分たちの立場が危ういという危機感が強まったことだろう。* もう一つの理由は、安倍首相やその周辺の人々が在任中に憲法改正への道筋をつけることを悲願としており、それを実現するためならどのような政策を採ることも厭わないという姿勢が強まったためだと思われる。

＊ ただし第一章で論じたように、リーマン・ショック後の日本の景気の落ち込みが諸外国に比べて激しかったのは、それ以前の政府と日銀の経済運営に問題があったからである。

しかし安倍政権のもっとも大きな問題は、単に放漫財政を続けていることではなく、財政の真の姿から国民の眼を逸らそうとしていることである。そのことは、政府の掲げる経済成長と財政再建の目標がどのように変化してきたかを辿ることによって理解できる。

二〇一二年の衆議院選において、民主党が「二〇二〇年度までの基礎的財政収支の黒字化」を公約としたのに対し[*]、自民党は大型補正予算や弾力的な経済財政運営を謳うだけで、長期的な財政の運営方針を示さなかった。第二次安倍内閣発足後の二〇一三年夏に閣議決定された骨太の方針では「プライマリーバランスについて、(中略)二〇二〇年度までに黒字化、その後の債務残高の対GDP比の安定的な引下げを目指す」という前政権の目標を維持することが確認されたが、翌年度の予算編成では歳出の上限を設けなかった。

* ただしこれはそれ以前の方針を継続したものである。

上記の「基礎的財政収支(プライマリー・バランス、以下PBと略記)」とは、通常の意味の財政収支から過去の債務の利息の支払額を控除した金額のことである。個人の例になぞらえると、毎年の所得から生活費を引いた値がPB、それからさらに借金の利払い分を引いた値が財政収支である。政府がすでに多額の債務を負っていると、PBが黒字でも財政収支は赤字になりやすいので、財政運営が健全だとは限らない。しかしPBが赤字だと公的債務が必ず増加してしまうため、財政再建の一里塚としてPBの赤字解消が掲げられるわけである。

ところが「二〇二〇年度までのPB黒字化」という目標を閣議決定した直後から、安倍首相はこの目標によって目先の財政政策が拘束されることを嫌うようになる。そして「財政再建を急いで経済が失速しては元も子もない」、「GDPを大きくすれば債務の比率が小さくなる」などと発言し、公的債務のGDP比が上昇しなければよいという態度を強めてゆく。事実、二〇一八年六月にはPB黒字化の目標年を二〇二五年度に先送りすることが決定された。

財政健全化の指標としてPBより公債残高のGDP比を優先する場合、毎年度の財政運営だけでなく、景気や物価の動向も目標の達成を左右するようになる。先述したように、安倍内閣は当初から実質で年率二％超、名目で年率三％超の経済成長を目指してきたが、財政再建目標の見直しと前後して、経済成長の目標にも修正が加えられてゆく。

安倍首相は二〇一五年九月の自民党党首選において勝利し、首相として続投することが決定した直後に、名目GDPを六〇〇兆円に増やすという目標を発表した。ただしこの目標が発表された当初、いつまでに六〇〇兆円を達成するつもりなのかが示されず、マスメディアの追及に答える形で「二〇二〇年ごろまで」の達成を目指すことになったという経緯がある。また、この目標は本書の執筆時点でも変わっていないが、首相や政府はあまりそれに言及したがらなくなっている。

これらのことは一見すると不可解だが、その背後にどのような政治的意図が働いていたのかを推察することは難しくない。ただしそのためには財政再建目標として「PB黒字化」と「債務・GDP比の安定化」がどのように異なるのかを理解することが不可欠なので、先にそれを説明しよう。

話を簡単にするために、最初に、PBが均衡していて赤字も黒字も発生していない状況を考える。その場合、債務・GDP比を変化させるのは、既存の債務の利払いとGDPの変化だけである。仮にGDPが一定だとすると、公債・GDP比は翌年度までに年初の公債・GDP比に既発債の平均利率(個々の公債の総合利回りの加重平均値)を乗じた比率だけ上昇する。

たとえば毎年のGDPが五〇〇兆円で一定だとして、ある年の期初の公債の残高が一〇〇〇兆円だったとすると、期初の公債・GDP比は二〇〇%である。既発債の平均利率が二%だとすると、年度末までに〇・〇二×一〇〇〇＝二〇兆円の利払いが必要となる。その資金を新発債の発行によって賄うとすると、年度末までに公債発行残高は一〇二〇兆円に増加する。期末の公債・GDP比は一〇二〇÷五〇〇＝二・〇四(＝二〇四%)なので、確かに期初の公債・GD

P比に既発債の名目利回りを乗じた値(〇・〇二×二〇〇%＝四%)だけ大きくなっている。

次に、既発債の利率がゼロだと仮定して、名目GDPだけが変化するケースを考えてみよう。名目GDPが五〇〇兆円、公債残高が一〇〇〇兆円という先の例において、翌年に名目GDPが二%上昇して五一〇兆円になったとする。その場合、公債・GDP比は一〇〇〇÷五一〇≒一・九六〇八(ほぼ一九六%)に低下する。すなわち、利払いがなく名目GDPだけが変化する場合、債務・GDP比は、その年度の名目経済成長率に期初の債務・GDP比を乗じた値(上記の例では〇・〇二×二〇〇%＝四%)だけ低下する。

現実には既発債の利払いはゼロでなく、名目GDPも変化するので、PBがゼロの年における債務・GDP比の変化は(既発債の平均利率−名目経済成長率)×期初の債務・GDP比である。そしてPBがゼロでない場合、それも債務・GDP比を変化させる。たとえばある年のPBがGDP比で四%の赤字だったとすると、年度末にかけて、債務・GDP比は先の「(既発債の平均利率−名目経済成長率)×期初の債務・GDP比」に四%を加えた値だけ上昇する。次ページの(4-1)式は、これらの関係を整理して記述したものである。*

＊　日本のように政府の保有資産が生む収益がPBの計算に含まれている国の場合、債務は純債務ではなくグロスの債務残高によって測ることが適切である。

$$\text{式(4-1)}\quad \frac{\text{債務残高}}{\text{名目 GDP}}\text{の前年からの変化}$$

$$=(\text{平均利率}-\text{経済成長率})\times\frac{\text{債務残高}}{\text{名目 GDP}}-\frac{\text{PB}}{\text{名目 GDP}}$$

ＩＭＦの統計によると、日本の一般政府のＰＢ・ＧＤＰ比は二〇一二年度から二〇一五年度にかけて四％ほど改善し、二〇一六年度は約三％の赤字となっている。しかし二〇一二〜二〇一五年度の赤字の縮小はそれ以前の不況期に落ち込んでいた税収が回復したことによるところが大きく、*しかもその間に歳出が大幅に増加しているので、構造的な赤字はあまり減少していないと思われる。政府がＰＢの構造的な赤字を解消して黒字化することを目指す場合、単に景気を良くするだけでなく、増税や社会保険料の引き上げによって歳入を増やすか、公共投資や社会保障関係費を削減するかのいずれか（ないし両方）が不可欠である。しかし二〇一六年度のＰＢの赤字額は約一六兆円であり、これは当時の消費税収に匹敵する金額だった。これほどの資金不足を増税や歳出カットによって実現することが簡単でないことは容易に想像できる。

＊　二〇一四年の消費税率の引き上げも税収増に寄与したが、併せて法人税率の引き下げや社会保障支出の積み増しが行われたので、ネットの効果はそれほど大きくない。

しかし債務・GDP比が当面上がらないようにするだけなら、政治的な難易度が高い歳出削減や増税を通じてPBを黒字化する必要は必ずしもない。先の(4-1)式において気づくのは、既発債の平均利率が名目経済成長率を下回っている場合、右辺の第一項が負の値になることである。その場合、PBが赤字でも債務・GDP比は必ずしも上昇しない。

ただし、通常は公債の利回りが長期間に渡って経済成長率を下回ることはない。政府や中央銀行が人為的に金利を操作しない限り、経済成長率が高まれば企業や家計の間で資金需要が増加し、市場金利が上昇するからである。事実、他の先進諸国や過去の日本では、平均的な償還期間の国債の総合利回り(長期金利)は名目経済成長率を二%程度上回ることが多かった。*

＊　政府が公債の表面利回り(額面に対するクーポンの比率)を市場金利より低く設定して発行することはできるが、その場合は売り出し価格が下落するため、償還時までの総合利回りは市場金利と一致する。

ただし長期金利と経済成長率の関係は過去にしばしば論争の種になってきたので、もう少し詳しく説明しておいたほうがよいだろう。

先に見たように、日本ではこれから労働人口の減少が加速するので、生産性が上昇してもその分だけ経済成長率は低くなる。しかし生産性が上昇すれば資金を借り入れて設備や技術に投資することのリターンは高くなるし、労働力が減少しても資金の出し手が低い利率で構わないと考えるとは限らない。また、日本のように海外との資本移動が自由な国の場合、国内に満足できる投資先が存在しなければ、金融機関や投資家は海外に資金を投じることもできる。より重要な点として、日本のように政府がすでに巨額の債務を負っている場合、財政状況が健全な他の先進諸国に比べて投資家が要求する公債の利回りは高くなることが自然である。したがって、世界的なカネ余りによって金利が低下しても、将来の日本において金利と経済成長率の格差は縮小するより拡大することが自然だと考えられる。

ところが、日銀が異次元緩和を開始した二〇一三年以来、日本では長期国債の利回りが経済成長率を下回る現象が続いている。先の(4-1)式において(債務の平均利率-経済成長率)がマイナスである場合、期初の公債・GDP比が大きければ大きいほど翌年度にかけての公債・GDP比が下落しやすくなる。今日の日本では中央政府の債務だけで一一〇〇兆円を超えているので、仮にGDPが五〇〇兆円で(債務の平均利率-経済成長率)がマイナス二%だとすると、(4-1)式の右辺の最初の項の値は-二×(一一〇〇÷五〇〇)=-四・四%になる。つまり、PBが四・四%の赤字であっても債務・GDP比は上昇せず、PBの赤字がそれよりわずかでも小さければ債務・GDP比は下落する。このことは、政府や中央銀行が金利を人為的に低位に抑え込んでいる国の場合、債務・ＧＤＰ比が財政健全化の指標として意味をなさないことを示している。

４　国民を欺く政府

財政健全化の指標として公債・ＧＤＰ比ばかりに注目することのもう一つの問題は、それがＧＤＰを操作することによっても変化することである。政府がＧＤＰ統計を改ざんすることはないとしても、タイミングを選べば、それと同じ効果を持つことを行うことは可能である。このことを理解するために、次に、安倍首相がなぜ二〇一五年になって「二〇二〇年ごろまでに名目ＧＤＰ六〇〇兆円を達成」という目標を打ち出したのかを考えてみよう。

この目標が発表されたとき、一九六〇年に池田勇人首相(当時)が打ち出した「所得倍増計画(翌年度から一〇年間のうちに名目国民所得を倍増するという目標)」を想起した人は少なくなかったはずである。「所得倍増計画」公表当時と安倍首相が「名目ＧＤＰ六〇〇兆円目標」を発表した二〇一五年には、いくつかの明らかな共通点があった。第一の共通点は、どちらの時期にも数年後に東京でオリンピック開催が予定されており、建設需要や訪日外国客の増加によってＧＤ

P（ないしGNP）が増加することが見込まれていたことである。

第二の共通点は、どちらの時期にも直前に大きな政治的論争が発生していたことである。「所得倍増計画」発表前年から一九六〇年にかけては日米安全保障条約改定をめぐって国会内外で激しい闘争が巻き起こり、社会が騒然としていた。同様に「名目GDP六〇〇兆円目標」発表の直前にも、安全保障関連法案が野党や国民の反発を招き、久しぶりに国会前で連日デモが繰り広げられていた。このように、どちらの目標も単なる経済目標ではなく、国民の眼を政治から経済にシフトさせる意図が込められていたと考えられる。

ただし「所得倍増計画」と「名目GDP六〇〇兆円目標」にはいくつかの違いもある。第一に、「所得倍増計画」発表当時の日本がまだ貧しく、こうした大胆な目標が国民の共感を得やすかったのに対し、今日の日本において「名目GDP六〇〇兆円目標」が達成されたとしても、それが自分の生活にどのように反映されるかを実感を持って予想できる人は少ないだろう。実際、この目標は当初こそマスコミなどで取り上げられたが、一般の国民はもちろんのこと、平素はこの種の数値目標を好む財界関係者の間でもあまり話題にならなかった。

「所得倍増計画」と「名目GDP六〇〇兆円目標」のもう一つの違いは、前者が容易に達成可能な目標だったのに対し、後者が現実的な目標だとは考えにくかったことである。「所得倍増計画」当時の日本の経済成長率は非常に高く、それ以前の一〇年間のトレンドが続いた場合、六〜七年間で目標が達成されてしまう計算だった。それに対し「名目GDP六〇〇兆円目標」発表時点の名目GDPは(当時の統計で)五〇〇兆円ていどしかなく、図表4-7に示されているように、この値はそれ以前の二〇年間にほとんど増加していなかった。こうした状況においてその後の五年間でGDPを二割以上増やすと言われても、多くの人がそれに現実味を感じなかったのは当然である。

しかし客観的に荒唐無稽に見える目標であっても、首相が自発的にそれを打ち出した以上、そこには何らかの理由があったはずである。理由の一つとして考えられるのは、この目標が「名目で年率三%、実質で年率二%の経済成長」という経済成長率で表した従前の目標より扱いやすいことである。実は、「二〇二〇年ごろまでに名目GDP六〇〇兆円達成」は実質的な意味で新しい目標ではなかった。

この目標が発表された当時、GDPは平成一七年基準の国民所得統計の一環として報告されていた。それによると、安倍政権発足直前の二〇一二年度の名目GDPは約四七四兆円であり、図表4-7に示されているように、それを年率三%の成長率で延伸してゆくと、二〇二〇年度に六〇〇兆円を超える計算になる。すなわち、「二〇二〇年ごろに名目GDP六〇〇兆円」は

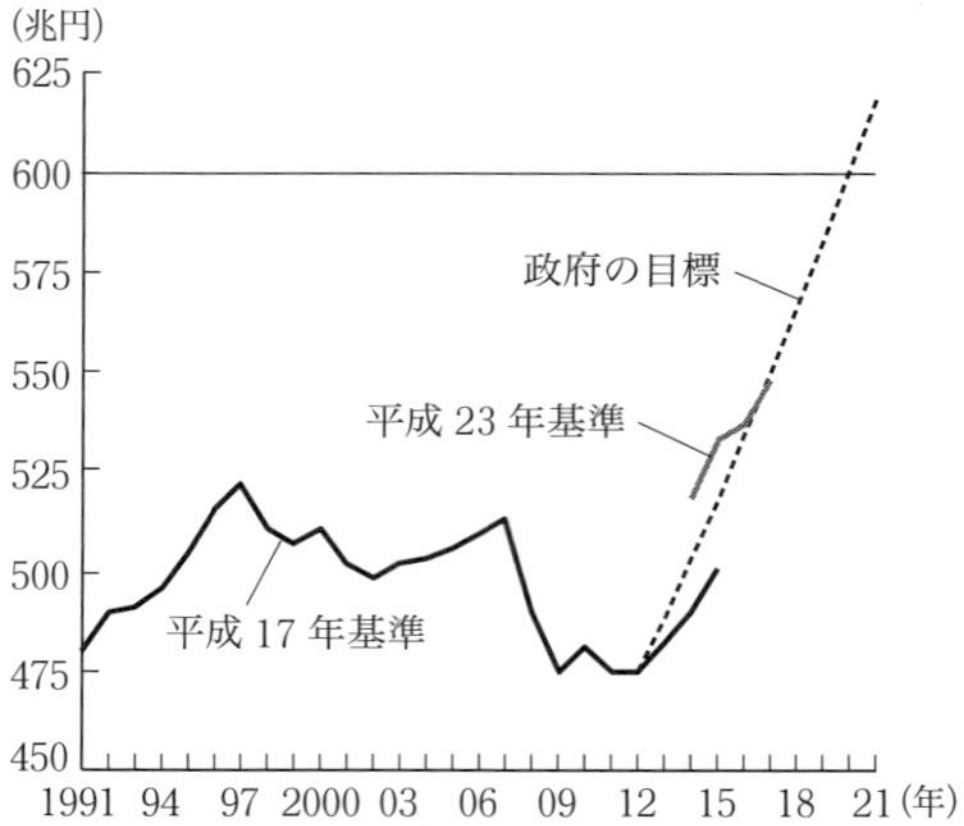

（出所）内閣府経済社会総合研究所「国民経済計算」をもとに作成.

図表 4-7 日本の名目 GDP の推移

既存の目標の言い換えにすぎず、もともと達成されなければ政府が責任を問われる筋合いのものだった。

しかし当時、「名目で年率三%、実質で年率二%の経済成長」という目標は未達成が続いており、さらにその状態が続けば政府の描く経済再生シナリオの信頼が崩れかねない状況にあった。それに対し、「二〇二〇年ごろまでに名目GDP六〇〇兆円」という目標であれば、当面は責任の追及を回避することができる。また、二〇二〇年には東京オリンピック特需が見込まれるため、前年までGDPが目標を大幅に下回り、翌年以降に再び減少したとしても、瞬間風速的に目標を達成することが可能だと考えたのかも知れない。ただし言うまでもなく、そうして一時的に六〇〇兆円を達成してもほとんど意味はなく、むしろ経済を不安定化させるだけである。

もう一つ見逃せないのは、「二〇二〇年ごろまでに名目GDP六〇〇兆円」という目標が公表された二〇一五年時点で、翌年に国民所得統計の改定が予定されていたことである。これもややテクニカルな話になるが、二〇一六年に行われた国民所得統計の改定は2008SNAと呼ばれる国際基準への準拠を目的とした大がかりな改定であり、それによってGDPの金額が相当押し上げられることが確実視されていた。* 事実、図表4-7に示されているように、旧基準の統計による二〇一五年度の名目GDPが五〇一兆円弱だったのに対し、2008SNAに準拠した平成二三年基準の統計による同じ年のGDPは約五三三兆円となり、約六・四%も増加している。**

*　その主因は、それまで費用として扱われていた企業等の研究開発投資が資本形成として扱われるようになったことである。

**　ちなみに、図表4-7における二〇一七年度の名目GDPは約五五〇兆円だが、これは平成一七年基準の二〇一二年度の名目GDPを年率三%で延伸した値にほぼ等しい。このことは、平成一七年基準から平成二三年基準への統計改定によってGDPがかさ上げされた分は、二〇一二〜二〇一七年度の経済成長率が政府の目標を下回った分によってほぼ相殺されてしまったことを意味している。安倍首相やその周辺の人々がしだいに毎年の経済成長率の目標にも「二〇二〇年までに名目GDP六〇〇兆円」という目標にも言及したがらなくなったのは、それを達成することの難しさが明らかになったためだろう。

国民所得統計の基準改定が行われると、新基準ベースの統計が過去に遡って公表される一方、旧基準の統計はアップデートされなくなるので、その後のGDPの水準は新基準の統計で測るしかない。先の(4-1)式において既存の債務残高の名目GDPに対する比率が二(二〇〇%)だとして、統計の改定によってGDPが六・四%増加すると、それだけで債務・GDP比は一二%も低下する計算になる。首相(ないし首相に「六〇〇兆円目標」を進言した人々)はこうしたことを織り込んでいたと思われるが、これでは国民を欺いていると言われてもしかたがない。

また、当時はまだ二〇一七年に消費税率を引き上げることが予定されていたが、名目GDPは税込み価格をもとに算出されているので、税率を引き上げればその分だけ増加する。消費はGDPの一部にすぎないため、消費税率一%の引き上げが名目GDPを押し上げる効果は〇・四%程度にすぎないが、日本のように公的債務が極端に大きくなっている国の場合、数%の消費税率引き上げでも債務・GDP比を引き下げる効果は無視できなくなる。

次章において詳述するように、政府は将来の金利とGDPの予想値を調整することによって財政の見通しを操作することも行っている。日本では内閣府が半年に一度「中長期の経済財政に関する試算」という資料を作成しているが、そこでは常に政府の掲げる経済成長率の目標がすぐに実現し、金利はそれにかなり遅れてゆっくりと上昇することが想定されている。こうした想定の下ではPBが相当大きな赤字でも債務・GDP比は当面下落するが、そうした資料しか示さないのでは、やはり国民を騙しているのと同じである。

最後に念のために付言しておくと、筆者はPBだけが重要で、債務・GDP比はどうでもよいと考えているわけではない。PBが黒字でも政府の債務残高が多い場合、財政の持続性が保証されないだけでなく、民間企業の資金調達が圧迫されたり、金利のわずかな上昇によって政府の資金繰りが一気に苦しくなったりしやすくなる。* したがって、財政の健全性を評価する際には、過去の財政運営の結果を表す債務・GDP比を観察し、将来の財政の持続性を確保するために何が必要かを考察した上で、PBや財政収支などに表れている現在の財政政策がそれを満たしているか否かを考える必要がある。この点については次章において改めて解説しよう。

＊　図表4-5の国際比較において純債務・GDP比を財政の健全性の指標として採用したのも、そうしたことに配慮したためである。

第５章　マクロ経済政策と民主主義
――日本が生まれ変わることは可能か――

前章までに議論したように、日本のマクロ経済政策には共通の問題点がある。それらは、①客観的な現状分析にもとづいていない、②明らかに持続的でない政策が行われている、③政策担当者がそのことを認めようとせず、政策目標や会計規則を操作するなどして既存の政策を続けていることなどである。

本章では、まず、政府と日銀が現行の政策を続けた場合に日本経済に何が起きうるかを考える。その後、日本において合理的で持続性のある経済政策を根付かせるために何が必要か、そうした政策が実施されていないのはなぜかを考察する。

1　既定路線の政策の先に何があるか

第一〜四章では、日本の為替・金融・財政政策がいずれも合理性と持続性を欠いていること、第二次安倍政権発足後にそうした傾向がいっそう強まったことを指摘した。しかし現行の政策を永遠に続けることができないのか、どこまでも続けていった場合に何が起きるのかがよく分からないという人がいるのではないかと思う。そこで、本章ではまずこれらの疑問について考えておきたい。

日本では過去の無計画な経済運営の帰結として、財政の持続性が失われ、為替政策や金融政策まで財政破綻を糊塗するために総動員せざるをえなくなっている。第三章で解説したように、異次元緩和は表面的にはデフレ対策だが、現実には円安を煽って景気を刺激しつつ、政府の債務負担を軽減するための政策である。現状では日銀が国債の利回りをゼロ％に張り付けているので、政府の債務が増え続けているにもかかわらず、利払額はむしろ減少している。

もしこれらの政策を永遠に続けることができ、何の副作用も生じないなら、政府が苦労して国民から税金や社会保険料を徴収する必要はないはずである。それがおかしいとすると、そうした政策の延長線上に何か深刻な問題が控えているはずだが、それはどのような問題だろうか。

第一に注意したいのは、当たり前のことだが、国債の利回りが他のさまざまな金融資産の利回りと連動していることである。銀行の預金金利や貸出金利を含め、日本のあらゆる金融資産の利回りは国債の利回りに流動性プレミアムやリスク・プレミアムを上乗せする形で決定されているので、国債の利回りだけを引き下げて他の金融資産の利回りはもとのまま、ということはできない。

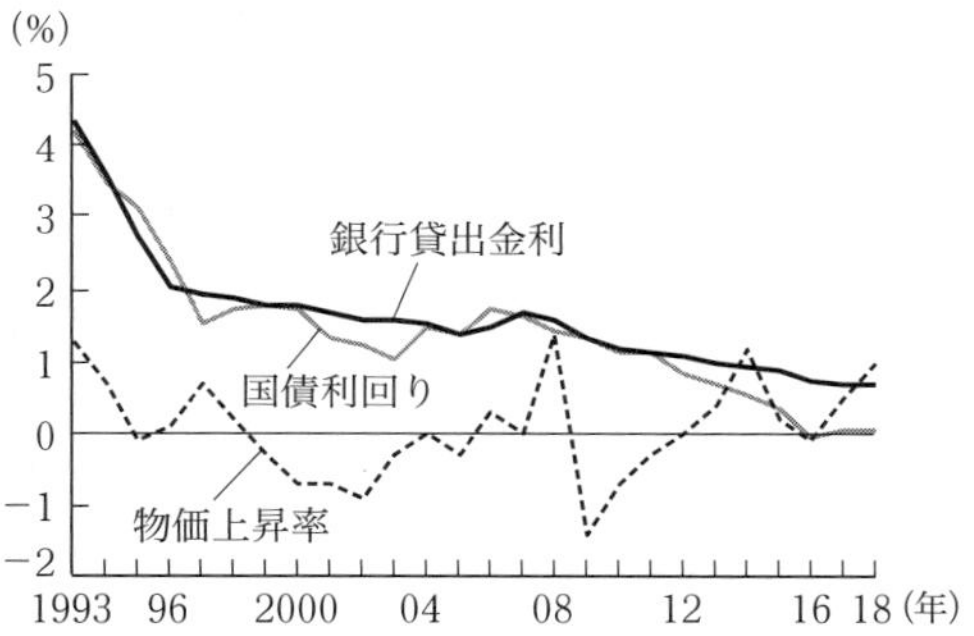

(注) 国債利回りは残存期間10年の国債の総合利回り．物価上昇率は過去3年間の平均値で消費税率引き上げの影響を調整した．
(出所) 総務省「消費者物価指数」及び日本銀行統計をもとに作成．

図表5-1　国債の利回りと民間銀行の貸出金利の推移

図表5-1は、過去四半世紀間の国債の利回りと民間銀行の新規貸出金利の平均値、そしてCPIで測ったインフレ率をプロットしたものである。国債の利回りと銀行の貸出金利が強く連動しているのは、銀行にとって国債と融資が代替的な金融資産だからである。

しかし異次元緩和開始後に国債の利回りがゼ

ロ%ないしマイナスになったのに対し、貸出金利の下落は相対的に緩慢であり、両者の差が拡大している。日銀は異次元緩和の目的の一つとして民間金融資産のリスク・プレミアムを引き下げて融資と設備投資を促進することを挙げていたが、そうした効果が比較的小さかったこと、そしてもっとも便益を得たのが政府だったことが分かる。

とは言うものの、国債利回りの急落につられる形で貸出金利もじりじりと低下し、直近では〇・七%前後にまで下がっている。図表5-1の貸出金利には短期と長期の金利が反映されているが、企業の資金繰りにとって重要な短期貸出の平均金利は〇・五%台にまで下がっている。その結果、名目金利からインフレ率を引いた実質金利も顕著に低下し、ゼロないしマイナスになることが増えている。

実質金利がゼロやマイナスであることは、実質的な利益をまったく生まない企業でも資金を借り入れて操業を続けられることを意味する。こうした状態が長く続くと、非効率な企業が市場から淘汰されなくなり、資源配分の効率性が損なわれる。第四章において見たように、日本の労働生産性の上昇率は他の先進諸国に比べて遜色がないが、労働生産性の水準は高くない。そうした中で極端な低金利によって企業の設備投資を煽ることを続けていると、せっかく生み出した付加価値の中で設備の建設や更新に回る分が増加し、私たちの暮らしは一向に楽にならないということになりかねない。二〇一二年末から戦後最長の景気拡大が続いているにもかかわらず国民の実感が乏しいと言われているが、その一つの理由はこうしたところにあると考えられる。

超低金利政策には他にも弊害がある。一つは、ただでさえ保守的な高齢者の行動をますます防衛的にしてしまうことである。後述するように、日本では公的社会保障制度が圧倒的に高齢者に有利になっているにもかかわらず、多くの高齢者は将来の生活に強い不安を抱いている。現役時代に蓄積した金融資産からの利息収入を期待できない以上、生活費を支払うたびに将来の蓄えが減少してゆく。そうした中で消費を控えて住宅などの実物資産にしがみつく人が増えるのは当然である。

また、超低金利政策が長期化すると、金融機関が適切にリスクを管理しながら利益を上げることが困難になり、金融システムが脆弱化する。政府や中央銀行が意図的に金利を低位に抑える行為は金融抑圧（financial repression）と呼ばれている。戦後の日本においてもそれに近い政策が行われていたが、それほど極端でなかったことと、実体経済の側に活力があったことにより、その弊害は比較的軽微に抑えられた。しかし今日の日本は明らかにそうした状況にはない。

だが、日銀が長期金利をゼロの近傍に張り付ける政策を撤回することももはや難しくなっている。政府が巨額の債務を抱えている以上、長期金利が一～二％でも上昇すれば、数年のうちに債務の維持費用が急増し、財政が破綻していることが誰の目にも明らかになってしまう。また、民間金融機関も資金調達コストがゼロの状態が長く続くことを前提として長期の低利貸付を行っているので、調達金利が突然上昇した場合、深刻な金融危機が発生するだろう。

しかし現状の政策を継続して表面を取り繕っても、それが持続的でないことはしだいに明らかになってゆく。政府や日銀が国内の金融機関に睨みを利かせて統制することはできても、外国の政府や投資家の日本経済に対する評価を自在に操作することは不可能だからである。

海外の格付け機関による日本国債の評価はすでに投資適格ランクの下限近くにまで下落している。あと一～二ランク引き下げられると外国の公的機関の投資対象から外れ、さらに一～二ランク下落すると海外の機関投資家も相手にしなくなるだろう。日本国債の大半が国内で保有されているから問題ないという人がいるが、国債の格付けはその国の企業の社債の格付けとも強く連動している。日本国債の格付けが引き下げられれば日本企業の（とくに海外における）資金調達に支障が生じ、これらの企業の事業環境も悪化してゆくはずである。*

＊　一国の政府は徴税権を有するので、財政状況が悪化して将来の税負担増が予想される場合、国債の格付けとともに社債の格付けが引き下げられるのは必ずしもおかしなことではない。

また、日銀は国債の価格だけでなく、株価や地価、為替レートなども操作しているが、こうした状況も持続的でない。株式市場や為替市場は国債市場に比べて外国の参加者が多く、先物市場などを利用してレバレッジをかけた投資を行うことも容易である。日本経済はとりわけ為替変動に対して脆弱なので、海外投資家の日本経済の評価が悪化して為替レートが不安定化すると、景況はすぐに悪化するだろう。政府が海外との資金移動を規制することは可能だが、そうした政策は日本が一九七〇年代以前の封鎖経済に戻ることを意味する。

それでは、実体経済の悪化が表面化する前に政府が改心し、債務の持続性を回復することは可能だろうか。結論から言うと、それもほぼ不可能である。政府が抱える債務と構造的な財政赤字があまりにも大きく、すでに微調整によって解消できるようなものでなくなっているからである。

ここで前章の式（4-1）を思い出してもらいたい。そこで指摘したように、一国の長期金利（政府の長期債の利回り）は経済成長率を二％程度上回るのが標準的な状態である。そのことを前提としてこの式を書き換え、「債務・GDP比」を現在の水準で安定させるために必要なプライマリー・バランス（PB）のGDP比」を計算すると、次ページの式（5-1）のようになる。

前章で見たように、今日の日本では中央政府の債務だけでもGDPの二倍強に達している。

$$\text{式}(5\text{-}1)\quad \frac{\text{PB}}{\text{名目 GDP}} = 0.02 \times \frac{\text{債務残高}}{\text{名目 GDP}}$$

$$\text{式}(5\text{-}2)\quad \frac{\text{債務残高}}{\text{名目 GDP}} = 50 \times \frac{\text{PB}}{\text{名目 GDP}}$$

したがって、債務・GDP比をこれ以上上昇させないためには、PB・GDP比を少なくとも二％×二＝四％の黒字にしなくてはならない。しかし過去二〇年間のPB・GDP比が平均で五％強の赤字だったこと、その間に社会保障基金の収支バランスが大幅に悪化していることを考えると、PB・GDP比を一気に一〇％近く改善させないといけない計算になる。しかしGDP比一〇％というのは中央政府の年間の税収総額に匹敵する膨大な金額である。こうした巨額の調整を短期間のうちに敢行した場合、経済が崩壊してしまうだろう。

また、どの国の政府であっても、公共サービスの充実のためならともかく、過去の借金の返済や利払いのために増税することを国民に認めさせることは至難の業である。このことは、政府が長期間に渡って維持できるPBの黒字に限度があること、それに対応して長期的に維持可能な債務・GDP比も制限されることを意味している。

どの程度の債務が維持可能かは、式(5-1)の債務・GDP比が等式の左側に来るように書き換えることによって推察できる。それが式(5-2)である。それによると、仮に長期的に維持可能なPBの黒字がGDPの一％分だとすると、持続可能な債務・GDP比の上限は五〇％である。同様に、長期的に維持可能なPB・GDP比が二％だとすると、持続可能な債務・GDP比の上限は一〇〇％になる。仮に（長期金利－経済成長率）が二％でなく一％なら式（5-2）の係数は五〇ではなく一〇〇になるが、そのときに長期的に維持可能なPB・GDP比の黒字が一％だとすると、持続可能な債務・GDP比の上限はやはり一〇〇％になる。日本の場合、将来のどこかの時点で東日本大震災のような大惨事がふたたび発生し、予期せぬ財政支出が必要になる可能性も織り込んでおく必要がある。

現実にどれだけのPB・GDP比の黒字が維持可能かはその国の政治・経済状況によって異なるが、主要先進国の中で二％を超える黒字を長期間に渡って維持できている国は存在せず、多くの国々において債務・GDP比も一〇〇％未満に収まっている。したがってGDP比で二〇〇％を超える日本政府の債務はすでに持続性を失っており、その半分以上を債権者に放棄させることなしに持続性は回復しないと思われる。

しかし公債の保有者に債務の減免やリスケジューリングを求めれば過去の政策の失敗を認めることになるので、日本政府が自発的にそうした行動に出ることは考えにくい。* それ以外の方法で過剰債務を整理する唯一の方法は、物価を一気に引き上げ、債務・GDP比の分母に当たる名目GDPを増やすことである。

* 公債の大半が外国投資家によって保有されている場合、それらを償還するために増税する代わりにデフォルトしてしまう方が政治的に賢明な場合はありうる。しかし日本政府が債務を反故にすれば国民を敵に回すことになるので、よほどのことがない限り実行できないだろう。

実際、異次元緩和の開始以来、一部の経済学者は貨幣量の膨張がハイパー・インフレーションを惹き起こす可能性に懸念を表明してきた。* 確かに、第三章でも論じたように、今日のように財政の持続性が失われている状態で日銀が大量の国債を買い入れて貨幣量を増やしてしまうと、物価を大幅に上昇させることなしに貨幣余剰を解消することは難しい。したがってハイパー・インフレーションは必ずしも忌避すべきことではなく、日本の金融・財政政策が持続性を取り戻すために不可欠だとさえ言える。ただしそれは債権者から(政府を中心とした)債務者への強制的な富の移転を意味するので、社会正義の観点からは最悪の調整方法である。

* 翁(二〇一三)、河村(二〇一六)など。

また、過剰な公債の処理のためにハイパー・インフレーションが必要だとしても、それが政府にとって都合の良い形で実現するとは限らない。通常の状況においてインフレ率が高まると名目金利も上昇し、公債の借り換え費用が増加するため、名目ＧＤＰが増加しても債務・ＧＤＰ比はなかなか低下しない。第三章で解説したように、日銀の超過準備に関しても同じことが言える。したがって今日の日本において正常な金融・財政政策を回復するためには、日銀が長期金利をコントロールできている間に一気に物価を上昇させる必要がある。

しかしそうしたことがうまく実現するだろうか。開発途上国ではハイパー・インフレーションがしばしば発生しているが、それは海外への大規模な資金流出が発生して自国通貨の価値が暴落し、輸入物価と名目賃金が急上昇するからである。国民が自国の政府や中央銀行を信頼せず、自分の財産は自分で守るしかないと考えている場合、財政の持続性が失われたと判断した時点で持ち出せる資金をすべて外貨などに換金して海外に逃げ出そうとするのは当然である。*

＊　平均的な開発途上国では平均的な先進国に比べて政府債務のＧＤＰ比がかなり低いが、これは開発途上国の財政管理能力が高いためではなく、政府の信頼度が低く、公債・ＧＤＰ比が先進国並みに高まる前に財政破綻が発生するからである。

だが、日本人の中でそうした決意を持つ人は稀だろう。日本人の中で日本語と日本社会に頼らずに生きて行ける人はわずかにすぎないし、大企業の取締役の間ですら本社を外国に移して自分も移住してしまうことに抵抗がないという人は少ないと思われる。海外では公的債務の膨張が止まらない日本の国債の価格が高止まりしていることを不思議に思う人もいるようだが、それは日本の民間貯蓄残高が多いことや日銀が国債価格を操作していることだけによるものではなく、私たち日本人が日本という国の人質になってしまっている証拠である。

したがって、「ある朝、目を覚ましたら物価が数倍になっていて、政府の過剰債務と日銀の過剰な貨幣供給の問題が自然に解消していた」ということは起こりそうもない。長い間デフレばかりが問題視されてきたために忘れられがちだが、日本ではもともとインフレに対する国民の反発が非常に強かったので、物価が少し不安定化するだけでも不満の声が巻き起こるはずである。政府としても、日銀の物価管理の失敗を批判しているだけでは自分たちの立場が危うくなるので、預金の引き出しを制限したり、賃金を統制したりといった方法で事態の収拾に乗り出さざるを得なくなるだろう。

しかし過剰な公的債務と貨幣は構造的な問題なので、そうした場当たり的な対応によって解決することはできない。政府と日銀が民間の経済活動に介入することによって時間稼ぎをすることはできるかも知れないが、そうしたことをすればするほど実体経済の状況が悪化し、かえって問題が拡大してしまう可能性が高い。

より重要な点として、仮にハイパー・インフレーションなどの形で公債・GDP比をいったん大幅に引き下げることに成功したとしても、その後に赤字財政を続ければ、いずれ元の状態に戻ってしまう。したがって真の意味で持続的な財政を確立するためには、既存の過剰債務を整理するだけでなく、政府が無計画に財政赤字を垂れ流す道を封鎖する必要がある。そこで次にそのためにどのようなしくみが必要かを考えよう。

2　持続的なマクロ経済政策の要件

第四章において、財政の健全性が維持されるために民主主義の成熟が不可欠だと述べたが、そのことにはもう少し説明が必要である。現代の国家では公的部門の活動範囲が多岐に渡るだけでなく、経済政策が民間部門の活動に与える影響が複雑化しているため、国民一人ひとりがそれらを逐一監視することは難しい。その代わりに、明らかに合理性や持続性を欠く政策を事前に排除するしくみを構築するとともに、そうしたしくみが機能しているか否かをチェックする機関が必要となる。国民が自国の政策に関して当事者意識を持っている国では、政策判断の失敗などが契機となってそうした制度を求める声が強まり、それが健全な政策運営につながってゆく。

とりわけ財政に関しては、過去二十数年間に先進諸国において試行錯誤が行われた結果、持続的な政策を確保するための要件が明らかになりつつある。それらの要件とは、①現実的な想定にもとづく財政の長期見通しの作成、②長期的な財政の持続性と足元の財政政策の整合性を確保するためのルール、③客観的な立場から①の長期見通しを行ったり、②のルールが守られているか否かを評価したりする機関の設立、④民間の専門家などが①〜③のプロセスを監視するために必要な情報の公開である。*

＊ ただし後述するように、これらは必要条件であって必ずしも十分条件ではない。

これら四つの要件のうち、もっとも重要かつ他の要件の前提となるのが、①の財政の長期見通しである。これがあれば、明らかに持続性を欠く政策が放置されることはなくなるはずだし、政府が毎年度の財政運営にどれだけの裁量を発揮しうるかも明らかになるからである。ただしこの財政見通しは、将来の経済の動向に関して現実的な想定を置いた上で、数十年先の将来までを客観的に展望するものでなくてはいけない。対象期間がそれより短いと短期的な調整と長期的なトレンドの区別がつきにくくなり、政府が恣意的なシナリオを描いて国民を誤魔化す余地が生まれるからである。以下で見るように、今日の日本はまさにそうした状態にある。

日本では公的債務が止めどなく増加しているにもかかわらず、政府が翌年度を超える将来の経済や財政の見通しを示すことを義務付けられていない。前章で触れたように、唯一それに近いのが内閣府が半年に一度発表する「中長期の経済財政に関する試算」(以下、「試算」と略記)だが、これは経済財政諮問会議の参考資料にすぎず、しかも八～一〇年先までの計数しか示されていない。この「試算」は常に「政府が目指す経済成長が実現すれば財政の持続性も回復する」という結果になっているが、以下で説明するように、これはきわめてミスリーディングである。

図表5-2は、本書の執筆時点で最新の「試算」において、将来の経済成長率と長期金利の経路がどのように仮定されているかを示したものである。* この「試算」の対象期間の最終年度は二〇二八年度であり、アベノミクスの目標が速やかに達成される「成長実現ケース」と、足元のトレンドが大きく変化しない「ベースラインケース」の二つが検討されている。

＊　内閣府は経済成長率や金利はモデルの中で試算されたものであって外部から与えたものでないと説明しているが、これらが限りなく仮定に近いことは明らかである。

第四章で解説したように、日本のように公債・GDP比が高い国の場合、それが今後どのように変化するかは既発債の平均利回りと経済成長率の関係にかかっている。「試算」には毎年度の経済成長率と長期金利（そのときどきの国債の市場価格から計算される利回り）の推計値が示されているが、既発債の平均利回りは示されていないので、他の計数をもとにそれを計算してグラ

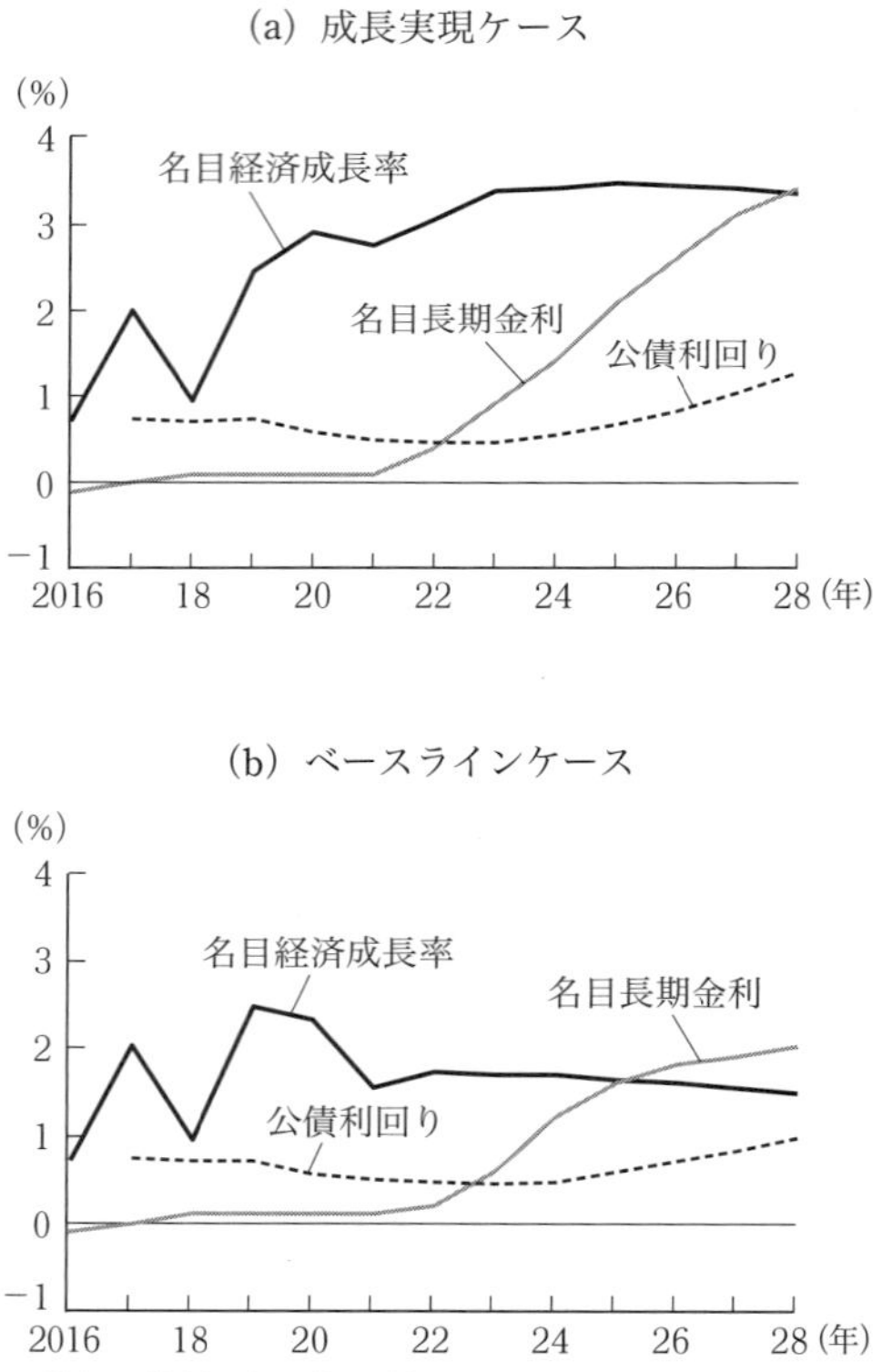

（注）公債利回りは他の計数から求めた既発債の平均利回り.

（出所）内閣府「中長期の経済財政に関する試算」(平成31年1月30日経済財政諮問会議提出資料)をもとに集計.

図表 5-2 「中長期の経済財政に関する試算」の前提

フに描き加えた。

「成長実現ケース」では実質経済成長率とインフレ率がただちに上昇することが想定されているので、名目GDPの成長率も大幅に上昇する。しかし図表5-2のパネル(a)に示されているように、長期金利はなぜかそれよりかなり遅れて緩やかに上昇し、「試算」の最終年度の二〇二八年度になってようやく名目経済成長率に追い付くという想定になっている。その結果、既発債の平均利回りは推計期間を通じて低位にとどまり、二〇二八年度になっても名目経済成長率より二%以上低い水準にとどまる。

一方、パネル(b)の「ベースラインケース」では長期金利が経済成長率を追い越すタイミングがやや早いが、過去に低利で発行された公債の償還がゆっくりとしか進まないので、やはり既発債の平均金利は「試算」の最終年度まで名目経済成長率を大幅に下回る。すなわち「成長実現ケース」も「ベースラインケース」も、「現在の公債・GDP比が高ければ高いほど、何もしなくても翌年度にかけての公債・GDP比の下落幅が大きくなる」という特殊な時期だけを扱っていることになる。

しかし「試算」においても、経済成長率だけが上昇して長期金利は永遠にゼロかマイナスのまま、という想定はさすがに行われていない。そのような想定は明らかに経済原理に反するし、

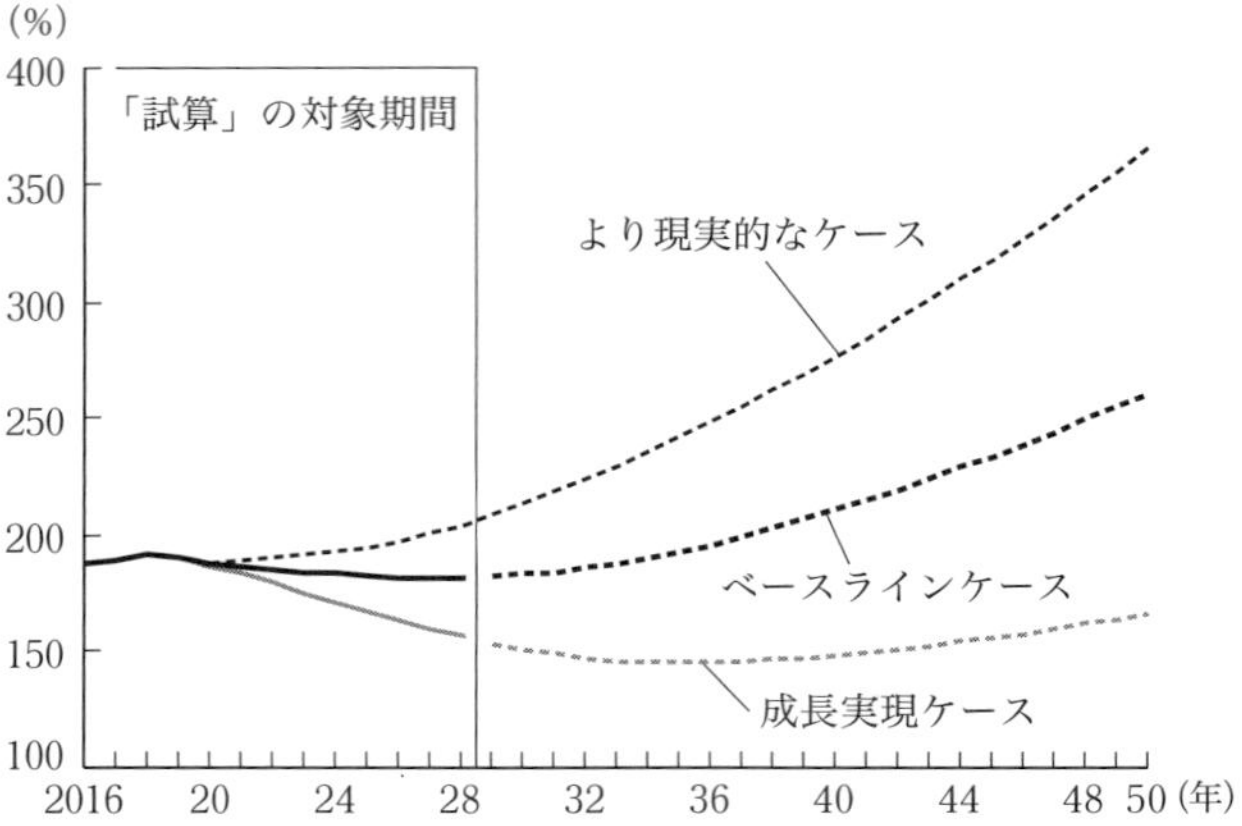

（出所）図表 5-2 と同じ．破線部分は筆者による試算値．

図表 5-3　「中長期の経済財政に関する試算」における公債・GDP 比率（%）

それを前提とした試算しか示さなければ、経済状況が好転しても日銀が現行の政策を続けるしかないことを認めることになってしまうからだ。しかしそうだとすると、財政の持続性が失われていないかどうかを決めるのは二〇二八年度までに何が起きるかではなく、その後に何が起きるかである。そこで、試しに「試算」をさらに二〇五〇年度まで延長し、その間に公債・GDP比がどのように推移するかを計算してみることにしよう。

図表5-3の左側の実線で示した「成長実現ケース」と「ベースラインケース」のグラフは、「試算」において示されている計数である。一方、右側の二〇二九〜二〇五〇年度のグラフは、「試算」の経済成長率やインフ

レ率等の想定を変更せず、名目金利が二〇三三年度にかけて名目経済成長率＋二％に上昇し、それに応じて既発債の平均利回りが少しずつ上昇した場合に何が起こるかを計算した結果である。*

＊　平均利回りは既発債のうち七分の一が毎年ロールオーバーされるという想定の下で計算した。

それによると、「ベースラインケース」では二〇二八年度、「成長実現ケース」でも二〇三〇年度半ばに公債・GDP比の下落が止まり、その後ふたたび上昇する。このことから分かるのは、仮に政府が目指す経済成長率やインフレ率が実現しても、財政の持続性は回復しないということである。それにもかかわらず二〇二八年度までの試算値だけ示して済ませるのでは、国民を欺いていると言われてもしかたがないだろう。*

＊　「試算」の公債・GDP比にはFBがカウントされていないが、ひとたび短期金利が上昇しはじめると真っ先に再発行費用が跳ね上がるのはFBのような短期債である。したがって現実の政府債務の増加のスピードはさらに速くなる可能性がある。

「試算」には他にも好ましくない点がある。もとよりこれは純粋な将来推計ではなく、政府の政策目標を織り込んだシナリオにすぎないが、何が仮定で何が推計値なのかが曖昧で、さまざまな仮定が相互に整合的かどうかも分からない。たとえば、「成長実現ケース」では二〇二八年度までにPBの黒字化が達成されること、「ベースラインケース」でも赤字が順調に縮小してゆくことが想定されているが、社会保障支出が急増する中でそうしたことが自然に生じるはずがない。「試算」には「各年度において社会保障の充実・安定化と財政健全化の両立が図られ」ることを想定したと書かれているが、それ以外に何の説明もないので評価のしようがない。

また、「試算」では「成長実現ケース」が楽観シナリオ、「ベースラインケース」が悲観シナリオのように扱われているが、現実には「ベースラインケース」にもアベノミクスが目指す労働参加率の改善が織り込まれているなど、むしろ楽観的なシナリオになっている。これは今後生産年齢人口が急減する日本において現実的な労働参加率を想定した場合、過去のトレンド並みの経済成長を演出することすら難しくなってしまうからだと思われる。

これらのことを考えると、二〇二八年度までの推計に関しても「試算」はまったく当てにならないと見るべきだろう。もう少し現実的な想定の例として、経済成長率やインフレ率等に関しては「ベースラインケース」の想定を踏襲し、PBの赤字が足元の水準（対GDP比でマイナス三%）のまま推移し、長期金利の調整が「ベースラインケース」より五年間早く完了した場合に何が起こるかを計算してみた。それが図表5-3の「より現実的なケース」である。この例では債務・GDP比が二〇二〇年代初から急速に上昇し、誰が見ても持続的でない経路になってしまっている。

他の先進諸国において経済・財政の将来推計を行う場合、過去のトレンドや明確な根拠をもとに現実的な仮定を置くこと、すでに施行されているか施行が確定している政策だけを前提として推計を行うことが常識となっている。そうでないと現行の政策が持続的か否かを判断できず、持続性を確保するために何が必要かを考えるための材料にもならないからである。

たとえば、EUでは、欧州委員会が三年おきに全加盟国の財政の将来推計と評価を行っている。* そこでは各国の経済と財政の将来の経路に関して蓋然性の高い仮定を置いた上で、短期(翌年度)、中期(おおむね一〇年後まで)、長期(約五〇年間、最新の評価では二〇七〇年まで)の推計が行われ、それぞれの期間に関する財政の持続性のリスクが「High」「Medium」「Low」の三段階で評価されている。

＊　その結果は、Fiscal Sustainability Reportとして全世界に公開されている。

EUは従前から加盟国に対して政府債務・GDP比を六〇%未満に抑えることを要求してい

るが、現時点ではそれを達成できていない国が少なくない。しかし欧州委員会の推計の一環として向こう一五年間でこの目標を達成するために必要な財政収支の調整の規模が明示され、現実の政策がそれから大幅に逸脱すると勧告やペナルティーの対象となる。さらに毎年度の歳出や財政収支にも一定の制約が課されているので、中長期的な債務の持続性と足元の財政運営の整合性も確保されている。*

＊ 実は日本でも財務省が欧州委員会の手法に倣った長期財政推計を実施し、その骨子を審議会の資料として公表している。この資料では日本の財政の将来に関してきわめて厳しい評価が示されているが、首相や内閣はそれを完全に無視している。

ＥＵの加盟国は上部機関から政策運営に一定の縛りがかかる点で日本とは事情が異なるが、他の国々においても財政の健全性を確保するための制度づくりは進められている。その一つが、中立的な立場から将来の経済と財政の推計を行い、現実の財政政策が事前に設定されたルールから逸脱していないかどうかを審査する機関である。こうした機関はしばしば独立財政機関(Independent Fiscal Institution ないし Independent Fiscal Council、以下ＩＦＩと略記)と呼ばれ、ＯＥＣＤも加盟国に対してその設立を推奨している。ＥＵでは欧州委員会がその役割を果たすだけでなく、すべての加盟国が独自にＩＦＩを設置している。アメリカやカナダにおいても同様の機関が設置されているため、G７の中でそれに類する機関が存在しないのは日本だけである。

日本でも少数の国会議員によって国会にＩＦＩを設置することが提言されたことがあるが、政府・国会のいずれにおいてもほとんど話題にならなかった（東京財団 二〇一三）。日本の財政が客観的な評価に耐えられる状態になく、そうした状況を生み出した張本人である自民党の議員が内閣と両議院の多数派を占めている以上、このことは驚くに当たらない。

また、日本にＩＦＩに類する機関を設置するとしても、よほどうまく制度を設計しない限り、日銀のように政府の意向に沿う人材がスタッフとして送り込まれ、あっと言う間に骨抜きにされてしまうだろう。前述の国会議員による提言では、国会の直属機関としてＩＦＩを設置し、政府や内閣から制度的に切り離す案が示されている。しかし国会の多数派を占める議員が財政再建の先送りから便益を得る立場にある以上、ＩＦＩのスタッフの人選を第三者機関に委ねたり、推計結果を民間機関に評価させたりといったしくみも検討する必要がある。

さらに、ＩＦＩの将来推計を第三者が評価できるようにするためには、迅速かつ十分な情報公開が不可欠である。内閣府の「試算」はこの点で完全に失格である。この種の試算ではすべての仮定をその根拠も含めて詳細に説明するだけでなく、シミュレーションのモデルを操作可能な形にしてウェブ上で公開し、仮定を変更した場合に結果がどう変化するかを簡単に確認できるようにしないといけない。そうして外部の監視が強まるとＩＦＩの推計に対する信頼度が高まり、それが政府の財政運営を拘束する力も強まってゆくはずである。

為替政策や金融政策に関しても、合理的で持続性のある政策を確保するための基本的な要件は同じである。為替政策に関しては、第一・二章において論じたように、日本の外貨準備の大半を預かる外為特会に対して外部からのコントロールがほとんど働いていないことが最大の問題である。二〇一七年度末の外為特会の総資産残高は約一四四兆円に上り、財投特会やＧＰＩＦのバランスシートに匹敵する規模に膨張している。過去に財投やＧＰＩＦのありかたが広く議論されてきていることを鑑みると、外為特会の運用管理が財務省の一部局に任されたまま、外部からのチェック機能がほとんど働いていないのはあきらかに問題である。

日本の為替政策を適正化する上でもっとも有効なのは、外為特会が発行できる円負債の残高を思い切って削減し、その増額を簡単に認めないことである。現時点で外為特会には約一九五兆円のＦＢの発行が許されているが、これを四分の一程度に引き下げ、それに合わせて外貨保有高も圧縮すべきである。調達できる円資金が制限されていれば、円売り介入が慎重に行われるようになるだけでなく、為替レートが首尾よく円安に転じた時点で迅速に外貨を売却して円債を償還しておこうとする機運も強まるはずである。

ただし為替介入で買った外貨を短期間のうちに売却できる保証がなく、その多くが外国の長期債に投資されている以上、外貨を買うための資金が満期三か月のFBによってファイナンスされている現状は不健全である。財投特会が長期債を発行して長期の事業をファイナンスしているのと同様に、外為特会から発行する円債もFBではなく満期一年超(たとえば五年間)の国債とすべきである。そうすれば外為特会で債券を発行して調達した資金を一般会計に繰り入れても国債の発行額は変わらず、特別会計を利用して一般会計の帳尻合わせを行う悪習への歯止めにもなる。

外為特会の運用状況の情報公開を徹底することも重要である。日本政府は他の主要先進国とは比べ物にならないほど巨額の外貨を抱え込んでいるにもかかわらず、その運用状況の公開には消極的である。諸外国と同様に、保有外貨の通貨別内訳は公表すべきだし、リスク管理体制を外部機関の審査に付すことも検討すべきである。

金融政策に関しても同様である。第三章において解説したように、日本のように財政の持続性が確保されていない国において、中央銀行が大量の国債を買い入れる異次元緩和は行く道だけあって帰り道のない政策である。こうした政策が実施されてしまっているのは、財政政策と同様に、長期的な持続性を確保した上で足元の政策を決定するしくみが欠如しているからである。

どの国でも中央銀行は通貨発行益を得る立場にあるので、国庫に安定した貢献をすることが期待され、ましてや政府に資金注入を仰がざるをえなくなるような事態は想定されていない。標準的な金融政策の下でそうした事態が発生する可能性は低いが、異次元緩和のような特殊な政策に乗り出す場合、それが日銀の財務や国庫納付金に与える影響を十分に分析し、その結果を公表しておくべきだった。

ところが、異次元緩和の開始から六年以上経った今日でも、日銀は「出口の議論は時期尚早」として金融政策の正常化の方法やタイミングを議論しようとせず、自行の財務を犠牲にしながら国庫への納付を続けている。日銀が自らの財務の健全性と両立しない政策を実施しないことが事前にルール化され、それが守られているか否かを第三者が定期的に審査するしくみが作られていれば、異次元緩和のような政策が実施されることはなかったはずである。

また、日銀の独立性と中立的な金融政策を確保するためには、幹部や政策委員会のメンバーの任命方法も再考する必要がある。現行の日本銀行法(第二三条)において、総裁と副総裁を含む政策委員会のメンバー九名は、いずれも「両議院の同意を得て、内閣が任命する」ことになっている。現在は内閣が候補者を決めて国会の承認を得る形が採られているが、これでは政府が好む人材しか候補に上がらず、両議院のねじれが生じているような特殊な状況をのぞくと国会によるチェック機能も働きにくい。

この問題に対処する方法としては、そのときどきの政局の影響が及びにくい参議院に候補者の人選を行う常設委員会を設置するか、日銀自身が候補者をリストアップすることが考えられる。選挙による国民の負託を受けていない日銀が自ら政策委員会の人選を行うことは民主政治と相いれないという意見があるかも知れないが、最終的な任命権を持つ内閣がどのような候補者でもブロックできるのだから、必ずしもそれが問題だとは思われない。* 平素から数名の候補者をリストアップして公表しておき、政権交代があっても無暗にリストを書き換えないことをルール化するのも一案である。

＊　最高裁判所の裁判官も内閣の任命人事だが、法曹系の人材に関しては最高裁判所長官、それ以外の人材に関しては内閣官房が人選を行い、首相の判断を経て閣議決定が行われる慣例になっている。しかし最近はこうした慣例にそぐわない人事が行われ、司法の独立性が脅かされる可能性が懸念されている。

なお、現行の日銀法の規定では政策委員会のメンバーの任期が五年で再任可とされているが、再任を禁じる代わりに任期をもう少し長くすることも検討されてよい。そして各委員の任期ができるだけ重ならないようにしておけば、多数のメンバーが同時に入れ替わって政策の一貫性が損なわれる事態を防止しやすくなる。それでも政府が特定の委員に圧力をかけて辞任に追い込むことは可能だが、そうした事態が起きるたびに野党やマスメディアが強く反発すれば、政府もそれを織り込んで行動せざるをえなくなるだろう。

個別の政策分野を超える大きな課題として、国政選挙を政策の選択の場として機能させるためのしくみも考える必要がある。近年、各政党が選挙前にマニフェスト（政策公約集）を公表するようになっているが、それらの多くは有権者受けする政策だけを集めた誇大広告に近く、一貫性のある政策方針になっていない。

しかし政党のマニフェストを審査するとしても、政府関係機関がそれを行うことは適切でも現実的でもないので、公的セクターの外部でそれを行う必要がある。過去に経団連が主要政党の政策方針を評価していたことがあるが、経団連は国民の代表ではなく利益団体である。したがって各党の政策方針の評価は民間の専門家や研究機関、マスメディアなどが連携して担うしかない。現状でも大手新聞が選挙前に各党の方針を比較した特集記事を組むことなどは行われているが、新聞各社にも党派性がある以上、より客観的な立場から各党の方針を精査し、その結果を積極的に有権者に知らせるしくみが求められる。

3　なぜ日本では民主政治が機能しないのか

とはいうものの、筆者は、近い将来の日本において上述したようなマクロ経済政策の改革が行われる可能性は低いと考えている。その一つの理由は現行の政策が隘路にはまり込んで身動きがとれなくなっていることだが、より本質的な理由は、当の国民がそうした改革を求めているように思われないことである。他の先進諸国に比べて、日本の国民の間で合理的で持続性のある政策を求める機運が低調に見えるのはなぜなのだろうか。

この疑問に答えるための材料として、ここで再び「日本の財政危機を生み出したのはシルバー民主主義か民主主義の未成熟か」という問題に立ち戻ってみよう。前章ではデータを根拠に「財政危機の本質的な原因は民主主義の未成熟だ」と述べたが、筆者が日本の財政危機の原因としてシルバー民主主義を強調しすぎることが適切でないと考える理由は他にもある。

「シルバー民主主義」という言葉は、政策を決定する議員が一人一票の普通選挙を通じて選出され、かつ、有権者が合理的かつ利己的に投票するという前提の下で、有権者に占める高齢者の比率が高まると若年層を犠牲にして高齢者を優遇する政策が行われやすくなる現象を意味している。

しかし今日の日本の引退世代の人々の中で、自分たちが現役世代や将来世代を食い物にしているという意識を持っている人がどれだけいるだろうか。アンケート調査の結果(内閣府〔二〇一七〕など)などを見ても、高齢者の多くは現行の社会保障制度の下でも将来の生活に強い不安を抱いており、子どもや孫に負担をかけたくないと考えている。生活にゆとりのある高齢者の間でも、死ぬまでに財産を使い切ってしまおうと考える人は少なく、むしろ子孫に財産を引き継がせることに熱心な人が少なくない。政府は祖父母が子や孫に生前贈与を行う際に各種の非課税枠を設けているが、これらの制度はきわめて好評で利用者も多い。

同様に、若者の間でも、自分たちが高齢者優遇政治の犠牲者だという意識は必ずしも強くないように思われる。もちろん、現行の社会保障制度が若年層にとっていちじるしく不利になっていることは否定しがたい事実であり、現在の二〇歳代の人々は八〇歳代の人々に比べて四〇〇〇万円の持ち出しになるという試算もある(島澤 二〇一七)。筆者も大学の授業においてこの種の試算に言及することがあるが、学生たちの反応は押しなべて低調である。それは、彼らがそうした試算を理解することはできても、自分が両親や祖父母に庇護されているという意識のほうが強く、それを超える社会のしくみに十分な実感を持てない上に、それが自分の力によって変えることのできるものだと考えないためだと思われる。

図表5-4は、内閣府が先進七か国の若年層を対象に実施したアンケート調査の一部を抜粋したものである。それによると、日本では他の国々に比べて財政の状況が格段に悪く、社会保障制度の世代間不公平が大きいにもかかわらず、他の国々より「子どもや若者が対象となる政策や制度については子どもや若者の意見を聴くべきか」「社会をよりよくするため、あなたは社会における問題に関与したいか」という質問に「そう思う」と答えた人の比率が低い。したがって、今日の日本においてシルバー民主主義が想定する選挙を通じた世代間闘争が行われているとは考えにくく、若者はむしろ社会制度の設計の責任を負わされることを忌避しているように思われる。*

＊　日本では二〇一六年に選挙年齢が二〇歳から一八歳に引き下げられた。若者の間で選挙年齢引き下げを歓迎する声もあるが、「(自分たちのように)政治をよく理解していない者は投票すべきでない」という意見も少なくない。総務省(二〇一六)など。

日本の若者の間で政治参加意欲が低いことはよく知られているが、これは決して若者だけの傾向ではない。年齢が高くなると投票率が高まることは事実だが、中高年層の間でも社会の大きな問題に関心を持つ人は多くなく、選挙以外の方法で政策の形成過程に関与する意欲を持つ

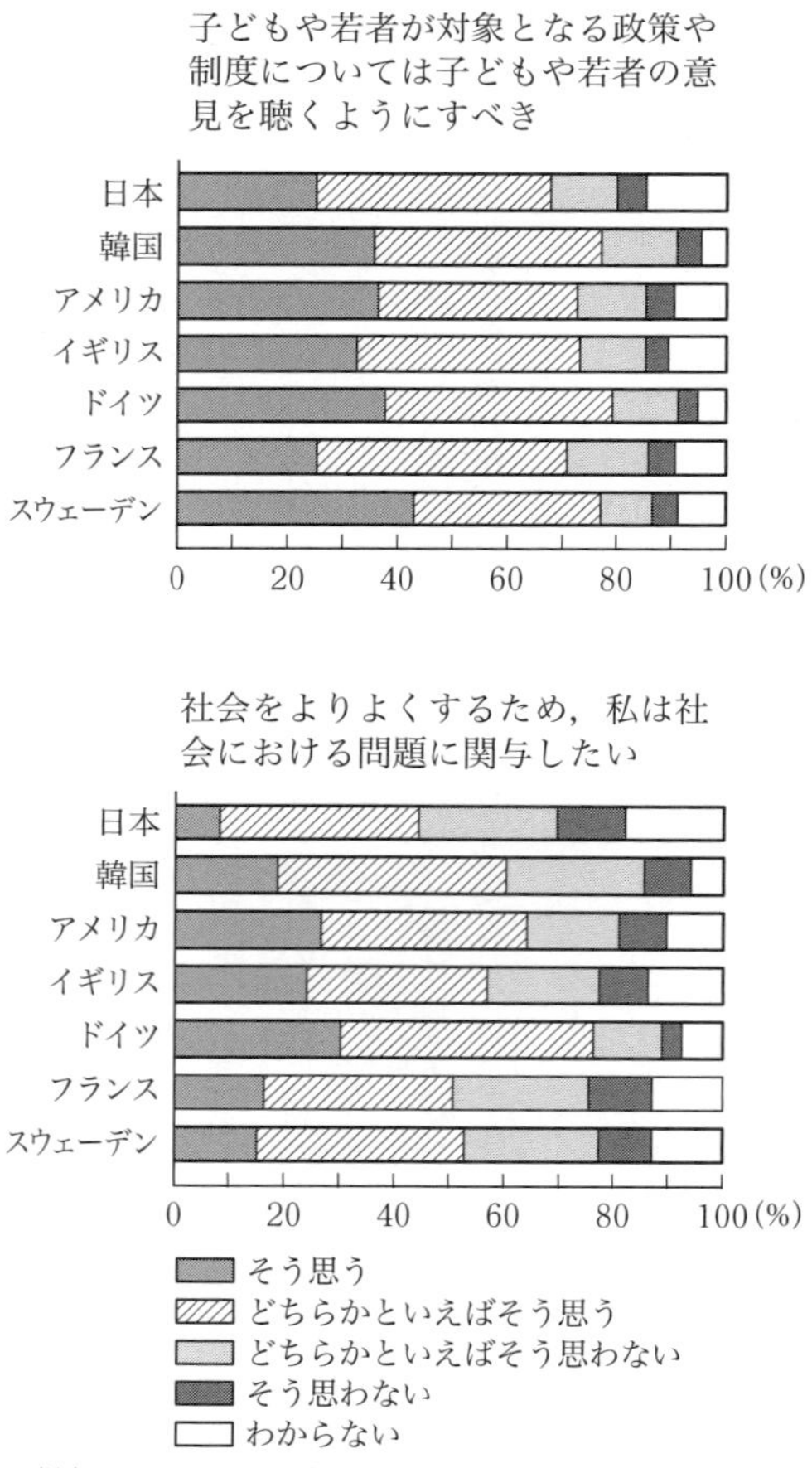

（注）アンケートの対象は13〜29歳の男女．
（出所）内閣府「我が国と諸外国の若者の意識に関する調査（平成25年度）」．

図表 5-4　主要国における若者の政治意識

人は非常に少ない。図表5-4では「わからない」と回答した人の比率が日本においてもっとも高くなっているが、これも若者だけの傾向ではなく、日本のあらゆる年齢層に見られる特徴である。日本人が世論調査において「わからない」と回答することが多いことは、自分の理解や判断に自信を持っていないことに加え、平素から自分の考えを明確に表現する習慣を持っていないこと、そうした意思表明こそが民主社会の基盤なのだという意識が乏しいことも反映していると思われる。

これらのことから推察されるのは、今日の日本には現代的な民主政治の前提である個人の自律の意識（意思ある個人が社会の基本単位だという考え）が十分に定着しておらず、個人と共同体の境界が曖昧な伝統的社会の要素が少なからず残っているということである（熊倉 二〇一五）。灌漑水耕を基礎とする伝統的な日本社会においては、村ぐるみの水資源の管理が不可欠であり、個人が生まれ育った村落を離れて生きてゆく道が限られていたため、固着した人間関係を前提とした共同体原理が発達した。このような社会では共同体内部の秩序の維持が何より重要になるため、構成員の間で利害対立が生じた場合、論理によって明白な決着をつけるより、情理によって曖昧な解決を図ることが選好されやすくなる。* また、共同体内部への強い関心の反動として、外部の広い社会に対する関心が低下し、それを自分たちの影響外にある与件と考える傾向が強まる。**

＊　同じ水耕社会でも水資源が不足しがちな乾燥地帯では上流から下流までを統制するトップダウン型の社会組織が必要となるが、水資源が豊富で傾斜地が多い日本では村落レベルで分散的に水路を管理す

ることが合理的だった。池田(二〇一三)。

**　言うまでもなく、日本が四方を海に囲まれ、外部からの侵略や攻撃をほとんど経験しなかったことも、こうした傾向に拍車をかけたと思われる。

日本でも明治維新以降は近代国家の形成と産業化が進められたが、欧米に比べて伝統社会の固着性が強かったこともあり、政府や企業経営者はそれを払拭して社会組織を再構築する代わりに、それを秩序の維持や人材の動員に活用する道を選択した。たとえば、多くの西欧諸国において工業化の過程で人材の流動化が進み、長い労使対立を経て近代的な企業組織と労働者の権利に関する規範が確立したのに対し、日本では労働運動が盛り上がるたびに経営家族主義が強調され、伝統的な農村共同体を離れて都市部に流入した人々が家産共同体の色彩を帯びた企業組織に回収されていった。*

*　山本(一九七九)、三戸(一九九四)など。

図表5-5は、伝統的な共同体社会と成熟した市民社会の組織原理を比較したものである。各パネルのA~Dは村落を表し、大きな円と小さな円がそれぞれ家族(世帯)とその構成員を表している。村落A~Dの境界は歴史的な行きがかりによるものかも知れないが、境界線が河川

や水路に対応しているような状況を考えると分かりやすいだろう。

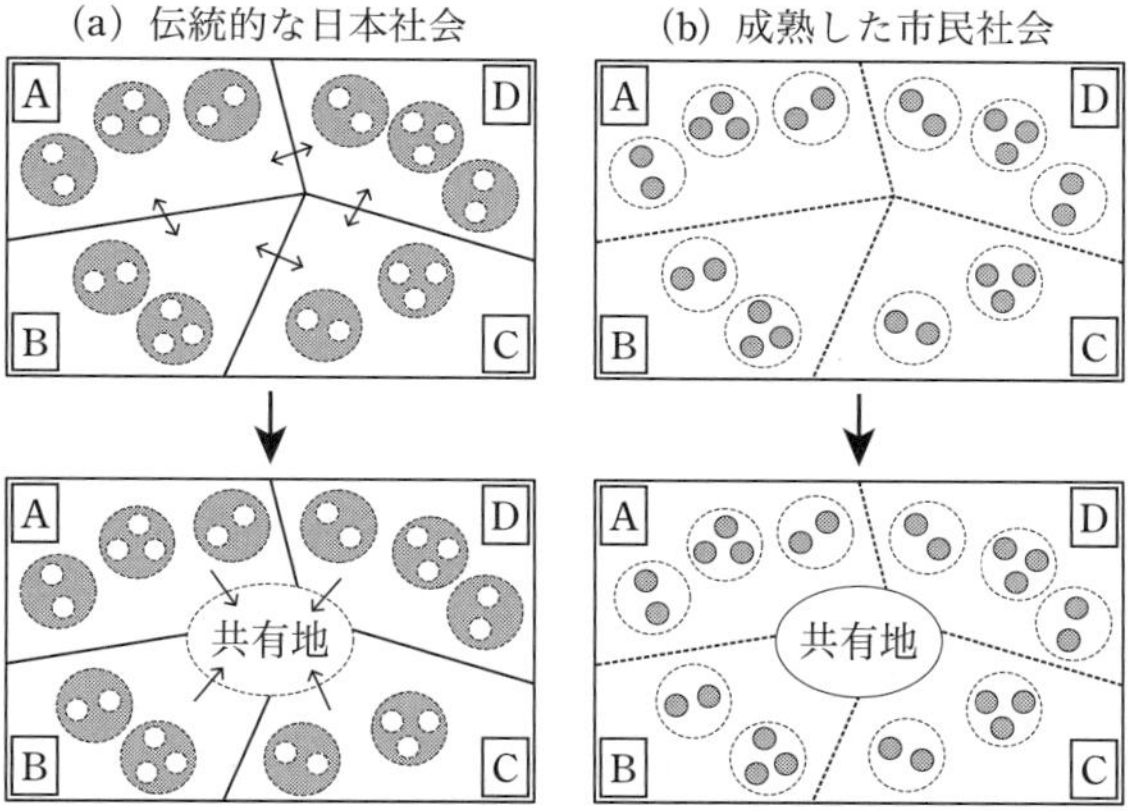

図表 5-5　個人の自律と共有地の悲劇

この図の左側の二つのパネルは伝統的な日本社会を表している。これらのパネルでは、村落間の境界を実線によって示し、各村落内の世帯とその構成員を破線によって示している。これは村落間でウチとソトの意識が強く働く一方、村落内では世帯・個人の自律性が弱く、各人が村落共同体を通じてしか外部と接触していないためである。各世帯を表す円に網掛けを施しているのは、伝統的な日本社会において人々が世帯(イエ)にもっとも強い帰属意識を持つ(したがってそれが経済活動の主体となる)ことが多かったからである。

左上のパネルでは、村落AとB、BとC、CとD、DとAの間で一定の意思疎通が行われている。

境界線が水路であれば隣接する村落とその利用方法を調整することが不可欠だし、それ以外にもこまごまとした利害調整が必要になるからである。しかし村落AとCは近くに位置していても直接的な利害関係を持っていないので、あえてコミュニケーションをとる必要はなく、相互の関心も生まれにくい。したがって村落A〜Dは全体として一つの社会だとは言い難い。

一方、右側の二つのパネルは成熟した市民社会である。ここでは地縁共同体の機能が後退し、村落が世帯(家族)を束縛する力も低下しているので、村落間と世帯間の境界を破線によって示している。その一方で、個人の自律が確立し、世帯や村落を超えた人の移動が活発化しているため、個人を表す小さな円の境界を実線で示し、その内部を灰色にしている。そうした個人はそのときたまたま所属している狭い共同体より広い社会に対して強い関心と帰属意識を抱くので、ここでは村落A〜Dが全体として一つの社会を構成していると考えられる。

さて、ここで上記の二つの社会の内部に、特定の世帯や村落に帰属しない共有地を設けたとしよう。この共有地には、適切に管理すれば永続的に利用可能な資源(漁場や牧草地など)があるが、乱獲すれば枯渇してしまう。これは経済学において「共有地の悲劇」と呼ばれる状況である。図表5-5の左下と右下のパネルは、伝統的な日本社会と成熟した市民社会において、この共有地がどうなるかを描いたものである。

左下の伝統社会では、各村落の構成員が無秩序に共有地に入り込んで資源を収奪するため、短期間のうちに再生不能になってしまう。これは、共有地に隣接する四村落の間には信頼関係が成立しておらず、事前に利害を調整して合理的な管理を行うことが難しいためである。個々の村落や世帯は一種の運命共同体なので、その内部では相互監視機能が働くが、それを超える社会の問題には対応できないわけである。

一方、右下の成熟した市民社会の場合、資源が枯渇することは必然でない。個人の自律や所有権が確立した現代社会においてもこの種の共有地の管理は簡単でないが、共同体構成員の間に一定の信頼関係が存在し、各人が共有財産の管理方法に関して意見を表明する道が開かれている場合、それを無秩序に乱獲して枯渇させるより、合理的に管理して永続利用するほうが賢明だという意識が働く可能性がある。それでもただ乗りを試みる人は出てくるが、公平で合理的な共同管理がひとたび社会規範として定着すると、それに反する行為には強い批判が浴びせられ、それが各人の機会主義的行動に対する抑止力になる。

図表５‐５は一種のカリカチュアにすぎないが、それが日本と諸外国のマクロ経済政策の違いと無縁でないことは明らかだろう。* 左下のパネルの村落Ａ～Ｄが今日の日本だとすると、共有地は政府（なかんずく各人にとって心理的にもっとも遠い中央政府）とその権限や財産である。この社

会では政府が自分たちの共有財産だという意識が希薄なので、収奪の機会があれば収奪し、それ以外のときは近寄らないでおくという行動に傾きやすくなる。また、政治家がそうした国民によって選出されている以上、彼らも自分を選出してくれた人々に成り代わって積極的に共有資源を収奪し、その負担は将来世代に押し付けるということになりやすい。

＊ ただし筆者は他の先進国の経済政策がすべて健全だというつもりはもちろんない。たとえば、アメリカは日本のように伝統的な地縁社会の延長として形成された国家ではないが、個人や社会集団の間の信頼関係が十分に確立しているわけでは必ずしもない。その結果、政府が徴税権を行使して社会的な活動を行うことに強く反発する層がいるだけでなく、企業やさまざまな集団が利己的な目的で政策に影響を与えようとするロビー活動もきわめて盛んである。

図表5‐5を上記のように解釈した場合、共有地を自国の将来世代だと考えることも可能である。左下のパネルでは結果的に現代世代が将来世代を搾取していることになるが、そのことは必ずしも国民が利他の意識を持っていないことを意味しない。先述したように、日本では多くの国民の関心や利他意識の対象が自分の周辺の狭い社会や人間関係に集中しているため、それが結果的に近親者以外の将来世代を蝕むことに十分な注意が払われないのである。

第四章において、ＯＥＣＤ加盟国の中で財政状況が際立って良好なノルウェーの政府は石油の輸出代金を将来世代のために積み立てて運用しているが、仮に日本政府がそうした収入源を持っていたとすると、それを適切に管理せずに使ってしまうだろうと述べた。実は同じことが他の天然資源の管理方法に関しても言える。たとえば、ノルウェーと日本はいずれも漁業国だが、両国の水産資源の管理方法には以下のような大きな違いがある。

漁業資源は乱獲するとすぐに枯渇してしまうので、資源の持続性と両立する毎年の漁獲高の最大値を魚種ごとに慎重に測定し、漁業者にそれを超える水揚げを許さないことが不可欠である。また、資源管理と効率的な漁業を両立するためには、個々の漁業者に対して厳格な漁獲枠を設定する一方、漁業者間で漁獲枠を取引する市場を設けることが望ましい。

ノルウェーでは、一九八〇年代まで乱獲による漁獲量の減少が続いていたが、一九九〇年代に入って厳格で合理的な資源管理のしくみが導入され、その後に漁獲量が目覚ましく回復している。漁業者が単価の高い成魚を選んで水揚げするように規制が設計されているため、稚魚が乱獲されることが減って資源が回復するとともに、漁業者の所得が増え、若年層の新規就業が増加しているという(八田・髙田 二〇一〇)。

一方、日本では、水産庁が漁業者の希望を優先して漁獲枠を設定しなかったり、持続可能な漁獲量を超える漁獲枠が設定されたりしているケースが非常に多い。これは共有地の管理人であるはずの水産庁が漁業者の仲間になってしまっているからである。また、漁獲を制限する場合でも、一年間の総漁獲量だけを設定する方法(オリンピック方式と呼ばれる)が採られることが多いため、多数の漁業者が我先に乱獲を行い、かえって資源の管理が阻害されている。その結果、日本では多くの魚種が絶滅寸前の状態に追いやられているだけでなく、漁業者の所得の減少と高齢化が進み、長期的な視点にもとづく資源管理がますます難しくなるという悪循環が生じている。*

＊ 特定の漁業者に免許が付与される沿海漁業や養殖業ではやや事情が異なるが、漁業権付与の審査者と事業者が重複していること(漁業協同組合が組合員を審査するケースなど)が多く、新規参入が阻害されている。

4　日本は変わることができるか

上述した日本社会の特徴を考えると、日本が合理的な経済政策が行われる国に生まれ変わることは容易でなさそうである。読者の中には、日本でも都市化や家族観の変化によって伝統的な共同体社会の領域がどんどん狭まっていると考える人がいるかも知れないが、そのことがただちに成熟した市民社会の成立を意味するわけでない。個人の自律を基礎とする社会では、各人が自らの力で自分の人生を切り開いてゆく覚悟と、広い社会に積極的に関与してゆく姿勢が求められる。しかしそれは決して楽なことでないから、成熟した市民社会が定着する過程において、伝統社会への郷愁を覚える人々や、変化を恐れて立ちすくむ人々が現れることは必ずしも不思議でない。

しかし今日の日本の大きな問題は、政治がそうした新しい社会への移行を後押しするのではなく、むしろその障害になってしまっていることである。戦後のほとんどの期間において与党の座を占めてきた自民党は、伝統的な家族社会や地域共同体への回帰を志向する懐古主義的な政党である。そうした政党が長く政権の座に君臨してきたため、政権運営能力を備えた他の政党が育たず、それが変化をリスクとみなす国民性と相俟って、全体合理的な政策より近視眼的で現状維持志向の強い政策が選択されやすい社会を生んでいる。

自民党が求める社会が現代的な成熟した市民社会の対極にあることは、同党が二〇一二年に発表した日本国憲法の改正草案を見るとよく分かる。自民党の憲法改正案では国防に関する箇所に注目が集中しがちだが、そもそも現行憲法とは理想とする国家像がまったく異なっている。

たとえば、現行憲法の前文には「そもそも国政は、国民の厳粛な信託によるものであつて、その権威は国民に由来し、その権力は国民の代表者がこれを行使し、その福利は国民がこれを享受する。これは人類普遍の原理であ」ると宣言され、国家が主権者である国民の意思によって作られたものであることが確認されている。

一方、自民党の改正案の前文はいきなり「日本国は、長い歴史と固有の文化を持ち」で始まり、「日本国民は、国と郷土を誇りと気概を持って自ら守り」、「和を尊び、家族や社会全体が互いに助け合って国家を形成する」と続く。ここに示されているのは、個人の自由意思を糾合して成立する近代的な国家像ではなく、血縁・地縁社会の延長線上に自然に存在する国家であり、国民と国家が溶け合って一体化することが理想とされている。

同様に、現行憲法の第二四条が男女平等を保障する目的で「婚姻は、両性の合意のみに基いて成立し、夫婦が同等の権利を有する」と規定しているのに対し、自民党の改正案では「婚姻は、両性の合意に基づいて成立し」の前に「家族は、社会の自然かつ基礎的な単位として、尊重される。家族は、互いに助け合わなければならない」という文言が挿入され、民主主義国家の基本単位が個人だという考えが明確に否定されている。また、現代社会において私的な領域に属する家族の姿に関しても、「互いに助け合わなければならない」と介入している。* こうした志向性を持つ政党が平等で合理的な政策の担い手になりにくいことは否定しがたい。

＊ 現行憲法においても、婚姻は「(夫婦)相互の協力により、維持されなければならない」と規定されているが、これは妻の夫に対する一方的な献身を当然視していた戦前の家族観へのアンチテーゼの意味合いが強い。また、夫婦と異なり、家族は必ずしも全員の自由意思によって形成されたものでなく、その範囲も曖昧であるため、どこまでを互助の対象とすべきかは当事者の判断に任されるべき事柄である。安倍首相は「「お父さんとお母さんと子どもがいて、おじいちゃんもおばあちゃんも含めてみんな家族だ」という家族観と、「そういう家族が仲良く暮らすのがいちばんの幸せだ」という価値観は、守り続けていくべきだ」と述べている(安倍 二〇一三)。しかし今日の日本の総世帯数に占める三世代世帯の比率は五％ていどにすぎず、首相の選好と国民の選択がいちじるしく乖離していることを示している。

また、現実的にも、自民党は現状維持志向が強い地方の農村部や自営業者、中小事業者を主たる支持基盤にしている。自民党の代議士の中に父親や近親者から地盤を引き継いだ二世・三世議員がいちじるしく多いことは周知のとおりである。＊ こうした二・三世議員は自らの選挙区のスポークスマン(ないしロビイスト)に近く、図表5-5において共有地を収奪する先兵のようなものである。

＊ 中北(二〇一七)によると、衆議院の選挙区選挙における自民党の当選者のうち、親族が同一の選挙区において当選したことがある者の比率は三割強で推移している。

各議員だけでなく、自民党は党としても夥しい数の民間団体と密接な関係を築いている。こうした団体の中には、全国郵便局長会や農業協同組合、全国建設業協会など、地域社会との結びつきの強い業界団体が多く含まれ、それらの陳情や要求に応える代わりに献金や選挙運動への協力を求めるという互酬関係が成立している。こうした利益団体との結びつきは他の政党にも見られるが、自民党の特徴は、それが高度に組織化されていることと、友好団体の多くが現状維持を強く志向していることである。安倍首相は二〇一四年の世界経済フォーラムにおいて「いかなる既得権益といえども、私の「ドリル」から、無傷ではいられません」と述べ、規制緩和への意欲を示したが、現実の政策設計では自民党の支持層を敵に回さないことに細心の注意が払われている。

ただし、地域社会や中小事業者の守護者として振る舞うことで支持層を維持するという自民党の方針が、かつてほど有効でなくなっていることも事実である。二〇一二年の政権復帰以降、自民党はすべての国政選挙において勝利しているが、獲得票数は意外に伸び悩んでいる。世論調査の結果(NHK放送文化研究所(二〇一五)など)を見ても、有権者の中で自民党を積極的に支持している人々は三割前後にすぎず、特定の支持政党を持たない無党派層が自民党の支持者を上回っている。第四章において第二次安倍内閣発足後に政府が従来以上に目先の景気浮揚を重視するようになったと述べたが、その背景にこうした浮動票の増加があったことは間違いない。

　しかし従来の地盤である地方や友好団体への利益誘導を続けつつ、バラマキによって都市部の浮動票も取り込もうとすれば、財政再建はますます遠のかざるを得ない。安倍首相は二〇一四年と二〇一六年の二回に渡って消費税率の引き上げを延期しただけでなく、二〇一七年には二〇一九年に予定されている税率引き上げによる税収増の使途を変更し、年金や医療だけでなく、子育てや教育の支援にも充当することを決定した。これは「保育園落ちた日本死ね」という匿名ブログなどがきっかけとなって世論が変化し、都市部の若者や勤労世代の支持を取り付ける必要性が強く意識されるようになったからだと思われる。

　とはいえ、消費税率の引き上げとともに歳出を増やしたり、他の税をカットしたりすれば、増税の意味が失われてしまう。もともと消費税は高齢化による社会保障費用の増加に備えることを意図して導入されたものである。しかし国民の反発や景気への影響を緩和する目的で、一九八九年の導入時やその後の税率引き上げの際に所得減税や特別減税措置などが乱発され、その多くが恒久化したため、税収はあまり増えていない(米澤 二〇一六)。

　本書の執筆時点で国会では二〇一九年度予算案が審議されているが、その中には一〇月の消費税率引き上げ後の景気対策として二兆円余の特別支出が計上されている。しかしこれらの特別支出の中身を見ると、低所得者(その大半は高齢者)向けのプレミアム商品券の給付などのバラマキ政策、住宅ローン減税拡充のように明らかに将来の需要の先食いになるもの、そして中小店舗におけるキャッシュレス決済のポイント還元のように既存の票田への利益誘導と表裏一体のものが並んでいる。さらに総額二兆円余のうち約一・五兆円が消費者とは直接関係のない「防減災・国土強靭化」に振り向けられているので、その多くが地方の建設会社など、自民党の伝統的な票田にばら撒かれることになるだろう。こうした政党が与党である限り、持続的な財政運営など夢のまた夢である。

しかし与党の暴走に歯止めをかけるべき野党も迷走を続けている。先述したように、政府は財政の持続性が失われている事実を糊塗するために、現実的な経済と財政の長期展望を示すことを拒んでいる。同様に、日銀もいつまで異次元緩和を続けるつもりなのか、買い集めた国債や株式をどうするつもりなのかを説明することを避けている。野党がまずやるべきなのは、そうした無責任な政府や中央銀行を追及し、現行の政策が破綻していることを国民の眼に晒すことである。しかしそうしたもっとも大切なことをせず、与党政治家の失言や官僚の不手際の追及に明け暮れている。

筆者は以前に出版社のウェブサイトから依頼され、「今日の日本の状況は太平洋戦争末期に似ている」という主旨のコラムを寄稿したことがある(熊倉 二〇一七)。そのときは閲覧件数を気にする出版社に気を使ってあえてセンセーショナルな書き方をしたが、その後、現実の状況はまさにその通りになってきている。

日本が日中戦争を開始して本格的な戦時体制入りしたのが一九三七年、資源確保を名目に仏領インドシナに侵攻したのが一九四〇年、さらに真珠湾を奇襲して戦線を三方面に広げるという常識では考えられない行動に出たのが一九四一年だった。当時の日本政府や軍部の間には、日本が欧米諸国に囲い込まれている、このままだとジリ貧になるという不安があったが、人員・資材ともに限りがある日本が次々と戦線を拡大することがその解決策になるはずがなかった。

事実、太平洋戦争を開始する前に、軍部は内部でその見通しを詳細に分析し、必ず負けるという結論を得ている(Hotta 2013)。それにもかかわらずいったん始めたら引き返すことのできない戦いにのめりこんでいったのは、「戦局は理屈だけでは決まらない」、「物資が乏しくても日本には大和魂がある」、「神風が吹くかも知れない」といった主観主義がまかり通り、それを退けて筋を通す者が現れなかったからである。

本書で解説したように、この種の冒険主義と非合理主義は今日の日本の経済政策にも蔓延している。安倍首相や黒田日銀総裁は主観的にはデフレや長期不況と闘っているつもりなのかも知れないが、これらはいずれも現状の不正確な理解にもとづく有害な戦いである。空前の労働力不足の日本においてこれ以上景気を煽ってよいことがあるはずがないが、いったん振り上げてしまった拳を下せば責任を問われるので、批判を退けてどこまでも邁進せざるをえなくなってしまっている。

図表5-6は、太平洋戦争前後の日本の実質鉱工業生産指数と貨幣流通量、卸売物価指数の推移を示したものである。ここでは実質鉱工業生産指数を実質GDPの代理変数とみなし、それに対応する物価指数として卸売物価指数を掲載している。* この図では縦軸を対数目盛にしているので、折れ線グラフの傾きが変化率に対応する。

* 卸売物価指数は現行の企業物価指数の前身に当たる統計である。

図表5-6によると、日本の貨幣流通量が鉱工業生産指数を大幅に上回るスピードで増加しはじめたのは日中戦争開始後のことである。この時期に貨幣量が急増したのは、拡大する軍事予算を賄うために政府が日銀(や旧植民地の発券銀行)に公債を引き受けさせ、政府支出の決済を通じて大量の紙幣が市中に流れ出したからである。

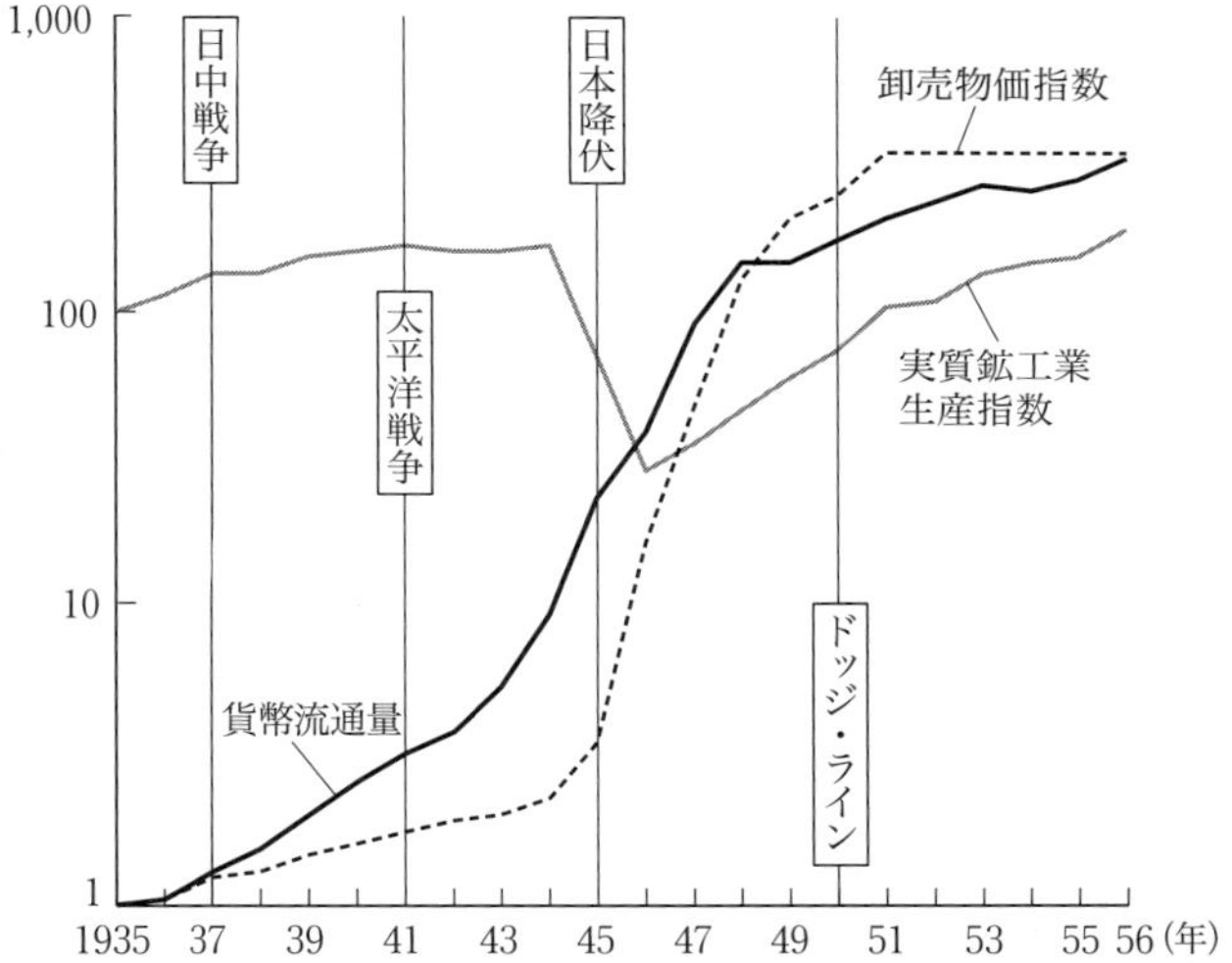

（注）鉱工業生産指数は1935年の値が100，貨幣流通量と卸売物価指数は1935年の値が1になるように調整した．
（出所）日本統計研究所編(1958)等をもとに集計．

図表 5-6　太平洋戦争前後の物価と貨幣量の推移

しかしその後しばらくの間、戦争特需で生産活動が活発化する一方、物価の上昇は比較的緩慢だった。その一つの理由は政府が物価統制を強化したことだが、貨幣量の増加は必ずしもただちに同じ比率だけ物価を上昇させるわけではない。しかし第三章で述べたように、実体経済の成長力を超えるスピードで貨幣量を増やしつづけるなら、いずれ公債と貨幣に対する国民の信頼が失われ、物価が急上昇する以外に両者の辻褄を合わせる方法がなくなってしまう。

事実、敗戦が決定した一九四五年以降、そうした物価の調整が一気に進むことになってしまった。ただし政府は物価の急上昇と経済の混乱を手をこまねいて見ていたわけではない。それどころか、インフレ鎮静化のために紙幣を銀行に強制貯蓄させた上で預金封鎖を行い、その間に新円への切り替えを行うといった荒業まで行っている。終戦前に政府を信頼して財産を公債や貨幣に換えていた人々はそのほとんどを失った。

それでも戦後のインフレはなかなか沈静化しなかった。それもそのはずである。当時の政府は、物価統制や強制貯蓄によってインフレ封じ込めを試みる一方、戦後復興を支援するための補助金の供与や政策融資を続けており、その相当部分が戦前と同じ公債の日銀引き受けによってファイナンスされていたからである(大野 二〇〇五)。こうした矛盾した政策は現行のマクロ経済政策にも通じるものがある。

そうした状況が変化したのは、一九四九年に米国からジョセフ・ドッジが送り込まれ、翌年にドッジ・ラインと呼ばれる緊縮経済政策が実施されてからである。ドッジ・ラインは、生産補助金や復興融資の停止と円ドルレートの一ドル＝三六〇円への固定、そしてPBの均衡などからなる政策パッケージだった。ドッジ・ラインによって貨幣量の増加が経済成長率の範囲内に抑えられるようになったため、物価は速やかに沈静に向かった。それ以前から国内でも経済の安定を取り戻す方法が議論されていたが、けっきょくのところ外圧なしに自分たちで過去の失敗の始末をつけることができなかったわけである。

ドッジ・ライン開始時には、緊縮経済政策によって日本経済が大不況に陥ることが懸念されていた。しかし、その後すぐに朝鮮戦争が勃発して米軍への物資供給が激増したことにより、そうした懸念は杞憂に終わった。朝鮮特需は日本にとって「干天の慈雨」だったが、それにより経済が成長軌道に乗ったため、太平洋戦争の責任も戦後の混乱の原因も適切に総括されないまま過去のエピソードになってしまった。そしてその後ほどなくして米軍統治が終了し、主権が回復すると、国民を日中戦争や太平洋戦争の闇に連れて行った人々が次々と政治や行政の舞台に返り咲いていった。今日では、その末裔に当たる人々が冒険主義的な経済政策を追求しつつ、個人の自律を否定する戦前社会の復活に執念を燃やしている。

私たちはこれからいったいどうなるのだろうか。日本は永遠にまともな国に生まれ変わることができないのだろうか。その答えは筆者にも分からないが、日本を適切な経済政策が行われる真の民主国家に作り変えることができるとしたら、それをするのは私たち日本国民以外にありえないはずである。

あとがき

本を書く者は、自分の著書が読者にどのように受け止められるかを気にするものである。自分に自信がある人ですらそうなのだから、筆者のような小心者は言わずもがなである。本書を執筆しながら、おそらく以下のような批判やお叱りがあるだろうと考えていた。

第一は、本書が日本の政策に対して厳しすぎる、また、日本という国に関しても悲観的すぎるという批判である。筆者も、そうした批判が正しければむしろ望ましい、ありがたいと思っている。しかし感情を排して論理的に考えを積み重ねたところ、本書に述べたこと以外の結論にたどり着くことができなかったというのが正直なところである。

第二に、逆に本書は他の先進国の経済政策を高く評価しすぎているのではないか、という疑問もあるかも知れない。本書では紙幅の制約により詳述できなかったが、どの国の政策にも問題があることは事実である。トランプ政権下のアメリカ政府の迷走ぶりは目を覆うばかりだし、

ＥＵでも経済危機や難民問題をきっかけに、ポピュリスト的な政治や政策が目立っている。しかし他国に問題があることは自国の問題を放置してよい理由にはならない。公平に見て、日本の国民や政治家の間で長期的な視点をもとに合理的な政策を行おう、過去の失敗から学んで将来の政策に生かそうという機運が弱いことは否定できない事実だと思う。

ガバナンス先進国と言われる北欧諸国やニュージーランドなども、過去に何回か経済政策の大きな失敗を犯しているが、そのつど政策の枠組みを見直し、その質を高めてきている。韓国の為替政策には日本と同じかそれ以上の問題があるが、一九九七年のアジア通貨危機以来、財政政策はきわめて慎重に運営されるようになった。* これらの国々はいずれも海外との結びつきが強く、人口が比較的少ない「開放小国」である。これらの国々では、大きな失敗をくり返すと国全体が転覆するという危機感がどこかにあり、それが持続性のない政策を避けることに役立っているのかも知れない。

＊　アジアの国々のうち、第五章で解説したＩＦＩ（独立財政機関）が定着しているのは韓国だけである。

日本は幸か不幸か人口が比較的多く、言語的にも孤立した島国である。今日でも外国との人の往来や情報の出入りは決して十分でなく、そのことが個人を集団に埋没させる伝統社会の価値観が根強い一つの理由だと思われる。

日本では、政策上の明らかな失敗が生じても、その原因を客観的に分析して責任者を特定する代わりに、「すべてを水に流して」利害関係者全員でその費用を分かち合うような曖昧な解決方法が好まれてきた。こうした方法は、一見すると優しくて人間的である。しかし本質的に「作為」であるはずの政策に関して、その失敗を予期せぬ自然災害のように考えて「水に流して」しまえば、失敗から学んで政策の質を高めてゆくことは覚束なくなる。

本書を書き終えて改めて痛感するのは、現代の民主政治が花壇の植物のようなものだということである。花壇の植物はもともとそこに自生しているものではない。人間が注意深く水をやりつづけて育てれば大きな花を咲かせる可能性を秘めているが、そうした努力を怠ればあっという間に萎《しお》れてしまう。

民主政治の本質は、個人の自由と多様性を積極的に受け入れ、一人ひとりが十全に生きる道を保証する、あるいはそれを後押しする社会を築くことだと思う。しかしそれを可能にするためには、すべての国民が積極的に政治に参加できる環境を整備する一方で、政策の決定と運営に直接かかわる人々に一定のルールや規制を課し、それが守られていることを他の国民が監視しつづける必要がある。そのようなしくみは政治家や官僚にとって窮屈で不自由なものかも知れないが、そうした安全装置があって初めて代議制民主主義の本領が発揮され、健全で持続性のある政策運営が可能になる。そしてそうした制度やしくみの必要性が国民の合意として確立した国こそが真の民主社会であり、それを欠く国はいくら豊かであっても未熟な社会だと思う。

本書は、岩波新書の島村典行氏に声をかけていただいたおかげで世に出ることになった。あいにく筆者は新しい大学に移ったばかりでなかなか時間が取れず、ずいぶんとお待たせすることになってしまったが、ようやく約束を果たすことができてほっとしている。現在の勤務先の明治学院大学国際学部は多様な分野の専門家が集う梁山泊で、大学の枠に囚われずにさまざまな社会活動に携わる教員が少なくない。経済学者はどうしても評論家的になりがちだが、筆者も同僚を見習い、今後この国をどうしていったらよいのかを我がこととして考え、行動してゆきたいと考えている。

熊倉正修

参考文献

安倍晋三『新しい国へ（美しい国へ　完全版）』文春新書、二〇一三年
池田信夫『「空気」の構造　日本人はなぜ決められないのか』白水社、二〇一三年
NHK放送文化研究所（編）『現代日本人の意識構造（第八版）』NHK出版、二〇一五年
大野健一『途上国ニッポンの歩み』有斐閣、二〇〇五年
岡崎哲二「日本の金融政策とマクロ経済：歴史的パースペクティブからの再評価」財務総合政策研究所『フィナンシャル・レビュー』第五〇号、一九九九年
翁邦雄『日本銀行』ちくま新書、二〇一三年
上川龍之進『日本銀行と政治』中公新書、二〇一四年
河村小百合『中央銀行は持ちこたえられるか』集英社新書、二〇一六年
熊倉正修「日本の通貨政策とその問題点」大阪市立大学『経済学雑誌』第一一三巻第三号、二〇一二年

熊倉正修「円安待望論の政治経済学」外国為替貿易研究会『国際金融』第一二四八号、二〇一三年
熊倉正修『国際日本経済論』昭和堂、二〇一五年
熊倉正修「アベノミクスの問題点と日本の経済財政の展望」生活経済政策研究所『生活経済政策』No.234（通巻六五〇号）、二〇一六年
熊倉正修「「アベノミクス」「異次元緩和」は太平洋戦争と同じ過ちを繰り返す」ダイヤモンド・オンライン、二〇一七年一〇月一九日（https://diamond.jp/articles/-/146165）
熊倉正修「マクロ経済政策の参考指標としての均衡為替レート」経済産業統計協会『経済統計研究』第四五巻第四号、二〇一八年
黒田東彦「なぜ「二%」の物価上昇を目指すのか」（日本商工会議所における講演）、二〇一四年（http://www.boj.or.jp/announcements/press/koen_2014/ko140320a.htm/）
榊原英資『日本と世界が震えた日』中央公論新社、二〇〇〇年
島澤諭『シルバー民主主義の政治経済学　世代間対立克服への戦略』日本経済新聞出版社、二〇一七年
白塚重典「わが国の消費者物価指数の計測誤差：いわゆる上方バイアスの現状」日銀レビュー・シリーズ 2005-J-14、二〇〇五年
総務省『18歳選挙権に関する意識調査報告書』総務省自治行政局、二〇一六年

東京財団『政策提言・独立推計機関を国会に』東京財団、二〇一三年（https://www.tkfd.or.jp/research/detail.php?id=2619）
内閣府『高齢者の経済・生活環境に関する調査』二〇一七年（https://www8.cao.go.jp/kourei/ishiki/h28/sougou/zentai/index.html）
中北浩爾『自民党』中公新書、二〇一七年
日本統計研究所編『日本経済統計集―明治・大正・昭和』日本評論新社、一九五八年
八田達夫・髙田眞『日本の農林水産業』日本経済新聞出版社、二〇一〇年
三戸公『「家」としての日本社会』有斐閣、一九九四年
山本一哉「韓国の為替介入政策とその問題点」鹿児島大学『経済学論集』第七三号、二〇〇九年
山本七平『日本資本主義の精神』光文社、一九七九年
米澤潤一『日本国債を斬る』蒼天社出版、二〇一六年

Bordo, Michael D., Owen Humpage, and Anna J. Schwartz, *Strained Relations: US Foreign-Exchange Operations and Monetary Policy in the Twentieth Century*, University of Chicago Press, 2015
Henning, Randall C., Organizing foreign exchange intervention in the Euro Area, *Journal of Common Market Studies*, Vol. 45, No. 2, 2007

Hotta, Eri, *Japan 1941: Countdown to Infamy*, Alfred A. Knopf, 2013

Kumakura, Masanaga, Deflation? What deflation? Statistical origins of Japan's declining price levels, *World Economics*, Vol. 16, No. 2, 2015

Taylor, John B., *Global Financial Warriors: The Untold Story of International Finance in the Post-9/11 World*, Norton, 2007

熊倉正修

1967年生まれ．東京大学文学部卒，ケンブリッジ大学政治経済学部博士課程修了．アジア経済研究所，大阪市立大学大学院経済学研究科等を経て，
現在―明治学院大学国際学部教授
専攻―国際経済学，統計経済論，日本経済論
著作―『国際日本経済論――グローバル化と日本の針路』(昭和堂)
『入門・現代日本経済論――グローバル化と国際比較』(昭和堂)ほか

日本のマクロ経済政策
――未熟な民主政治の帰結　岩波新書(新赤版)1780

2019年6月20日　第1刷発行

著　者　熊倉正修《くまくらまさなが》

発行者　岡本　厚

発行所　株式会社 岩波書店
〒101-8002 東京都千代田区一ツ橋 2-5-5
案内 03-5210-4000　営業部 03-5210-4111
https://www.iwanami.co.jp/

新書編集部 03-5210-4054
http://www.iwanamishinsho.com/

印刷・精興社　カバー・半七印刷　製本・中永製本

ISBN 978-4-00-431780-7　Printed in Japan

岩波新書新赤版一〇〇〇点に際して

ひとつの時代が終わったと言われて久しい。だが、その先にいかなる時代を展望するのか、私たちはその輪郭すら描きえていない。二〇世紀から持ち越した課題の多くは、未だ解決の緒を見つけることのできないままであり、二一世紀が新たに招きよせた問題も少なくない。グローバル資本主義の浸透、憎悪の連鎖、暴力の応酬――世界は混沌として深い不安の只中にある。

現代社会においては変化が常態となり、速さと新しさに絶対的な価値が与えられた。消費社会の深化と情報技術の革命は、種々の境界を無くし、人々の生活やコミュニケーションの様式を根底から変容させてきた。ライフスタイルは多様化し、一面では個人の生き方をそれぞれが選びとる時代が始まっている。同時に、新たな格差が生まれ、様々な次元での亀裂や分断が深まっている。社会や歴史に対する意識が揺らぎ、普遍的な理念に対する根本的な懐疑や、現実を変えることへの無力感がひそかに根を張りつつある。そして生きることに誰もが困難を覚える時代が到来している。

しかし、日常生活のそれぞれの場で、自由と民主主義を獲得し実践することを通じて、私たち自身がそうした閉塞を乗り超え、希望の時代の幕開けを告げてゆくことは不可能ではあるまい。そのために、いま求められていること――それは、個と個の間で開かれた対話を積み重ねながら、人間らしく生きることの条件について一人ひとりが粘り強く思考することではないか。その営みの糧となるものが、教養に外ならないと私たちは考える。歴史とは何か、よく生きるとはいかなることか、世界そして人間はどこへ向かうべきなのか――こうした根源的な問いとの格闘が、文化と知の厚みを作り出し、個人と社会を支える基盤としての教養となった。まさにそのような教養への道案内こそ、岩波新書が創刊以来、追求してきたことである。

岩波新書は、日中戦争下の一九三八年一一月に赤版として創刊された。創刊の辞は、道義の精神に則らない日本の行動を憂慮し、批判的精神と良心的行動の欠如を戒めつつ、現代人の現代的教養を刊行の目的とする、と謳っている。以後、青版、黄版、新赤版と装いを改めながら、合計二五〇〇点余りを世に問うてきた。そして、いままた新赤版が一〇〇〇点を迎えたのを機に、人間の理性と良心への信頼を再確認し、それに裏打ちされた文化を培っていく決意を込めて、新しい装丁のもとに再出発したいと思う。一冊一冊から吹き出す新風が一人でも多くの読者の許に届くこと、そして希望ある時代への想像力を豊かにかき立てることを切に願う。

（二〇〇六年四月）

経済

日本の税金〔第3版〕　三木義一
金融政策に未来はあるか　岩村充
経済数学入門の入門　田中久稔
地元経済を創りなおす　枝廣淳子
会計学の誕生　渡邉泉
偽りの経済政策　服部茂幸
ミクロ経済学入門の入門　坂井豊貴
経済学のすすめ　佐和隆光
ガルブレイス　伊東光晴
ユーロ危機とギリシャ反乱　田中素香
ポスト資本主義 科学・人間・社会の未来　広井良典
タックス・イーター　志賀櫻
コーポレート・ガバナンス　花崎正晴
グローバル経済史入門　杉山伸也
新・世界経済入門　西川潤
金融政策入門　湯本雅士
日本経済図説〔第四版〕　宮崎勇　本庄真　田谷禎三

新自由主義の帰結　服部茂幸
タックス・ヘイブン　志賀櫻
WTO 貿易自由化を超えて　中川淳司
日本財政 転換の指針　井手英策
日本の税金〔新版〕　三木義一
世界経済図説〔第三版〕　宮崎勇　田谷禎三
成熟社会の経済学　小野善康
平成不況の本質　大瀧雅之
原発のコスト　大島堅一
次世代インターネットの経済学　依田高典
ユーロ 危機の中の統一通貨　田中素香
低炭素経済への道　諸富徹　浅岡美恵
「分かち合い」の経済学　神野直彦
グリーン資本主義　佐和隆光
消費税をどうするか　小此木潔
国際金融入門〔新版〕　岩田規久男
金融商品とどうつき合うか　新保恵志

金融NPO　藤井良広
地域再生の条件　本間義人
経済データの読み方〔新版〕　鈴木正俊
格差社会 何が問題なのか　橘木俊詔
景気とは何だろうか　山家悠紀夫
環境再生と日本経済　三橋規宏
社会的共通資本　宇沢弘文
景気と国際金融　小野善康
経営革命の構造　米倉誠一郎
ブランド 価値の創造　石井淳蔵
景気と経済政策　小野善康
戦後の日本経済　橋本寿朗
共生の大地 新しい経済がはじまる　内橋克人
シュンペーター　伊東光晴　根井雅弘
経済学の考え方　宇沢弘文
経済学とは何だろうか　佐和隆光
イギリスと日本　森嶋通夫
近代経済学の再検討　宇沢弘文

社会

サイバーセキュリティ　谷脇康彦
まちづくり都市 金沢　山出　保
虚偽自白を読み解く　浜田寿美男
総介護社会　小竹雅子
戦争体験と経営者　立石泰則
住まいで「老活」　安楽玲子
現代社会はどこに向かうか　見田宗介
EVと自動運転 クルマをどう変えるか　鶴原吉郎
ルポ 保育格差　小林美希
津波災害〔増補版〕　河田惠昭
棋士とAI　王　銘琬
原子力規制委員会　新藤宗幸
東電原発裁判　添田孝史
日本問答　田中優子・松岡正剛
日本の無戸籍者　井戸まさえ
〈ひとり死〉時代のお葬式とお墓　小谷みどり

町を住みこなす　大月敏雄
親権と子ども　榊原富士子・池田清貴
歩く、見る、聞く 人びとの自然再生　宮内泰介
対話する社会へ　暉峻淑子
悩みいろいろ　金子　勝
魚と日本人 食と職の経済学　濱田武士
ルポ 貧困女子　飯島裕子
鳥獣害 動物たちと、どう向きあうか　祖田　修
科学者と戦争　池内　了
新しい幸福論　橘木俊詔
ブラックバイト 学生が危ない　今野晴貴
原発プロパガンダ　本間　龍
ルポ 母子避難　吉田千亜
日本にとって沖縄とは何か　新崎盛暉
日本病 長期衰退のダイナミクス　金子　勝・児玉龍彦
雇用身分社会　森岡孝二
生命保険とのつき合い方　出口治明

ルポ にっぽんのごみ　杉本裕明
鈴木さんにも分かるネットの未来　川上量生
地域に希望あり　大江正章
世論調査とは何だろうか　岩本　裕
フォト・ストーリー 沖縄の70年　石川文洋
ルポ 保育崩壊　小林美希
多数決を疑う 社会的選択理論とは何か　坂井豊貴
アホウドリを追った日本人　平岡昭利
朝鮮と日本に生きる　金　時鐘
被災弱者　岡田広行
農山村は消滅しない　小田切徳美
復興〈災害〉　塩崎賢明
「働くこと」を問い直す　山崎　憲
原発と大津波 警告を葬った人々　添田孝史
縮小都市の挑戦　矢作　弘
福島原発事故 被災者支援政策の欺瞞　日野行介
日本の年金　駒村康平

食と農でつなぐ 福島から	塩谷弘康・岩崎由美子
過労自殺〔第二版〕	川人博
金沢を歩く	山出保
ドキュメント 豪雨災害	稲泉連
ひとり親家庭	赤石千衣子
女のからだ フェミニズム以後	荻野美穂
〈老いがい〉の時代	天野正子
子どもの貧困 Ⅱ	阿部彩
性と法律	角田由紀子
ヘイト・スピーチとは何か	師岡康子
生活保護から考える	稲葉剛
かつお節と日本人	宮内泰介・藤林泰
家事労働ハラスメント	竹信三恵子
福島原発事故 県民健康管理調査の闇	日野行介
電気料金はなぜ上がるのか	朝日新聞経済部
おとなが育つ条件	柏木惠子
在日外国人〔第三版〕	田中宏
まち再生の術語集	延藤安弘

震災日録 記憶を記録する	森まゆみ
原発をつくらせない人びと	山秋真
社会人の生き方	暉峻淑子
構造災 科学技術社会に潜む危機	松本三和夫
家族という意志	芹沢俊介
ルポ 良心と義務	田中伸尚
飯舘村は負けない	千葉悦子・松野光伸
夢よりも深い覚醒へ	大澤真幸
子どもの声を社会へ	桜井智恵子
就職とは何か	森岡孝二
日本のデザイン	原研哉
ポジティヴ・アクション	辻村みよ子
脱原子力社会へ	長谷川公一
希望は絶望のど真ん中に	むのたけじ
福島 原発と人びと	広河隆一
アスベスト 広がる被害	大島秀利
原発を終わらせる	石橋克彦編
日本の食糧が危ない	中村靖彦
勲章 知られざる素顔	栗原俊雄

希望のつくり方	玄田有史
生き方の不平等	白波瀬佐和子
同性愛と異性愛	風間孝・河口和也
贅沢の条件	山田登世子
新しい労働社会	濱口桂一郎
世代間連帯	上野千鶴子・辻元清美
道路をどうするか	五十嵐敬喜・小川明雄
子どもの貧困	阿部彩
子どもへの性的虐待	森田ゆり
戦争絶滅へ、人間復活へ	むのたけじ 聞き手 黒岩比佐子
テレワーク「未来型労働」の現実	佐藤彰男
反貧困	湯浅誠
不可能性の時代	大澤真幸
地域の力	大江正章
グアムと日本人 戦争を埋立てた楽園	山口誠
少子社会日本	山田昌弘
親米と反米	吉見俊哉
「悩み」の正体	香山リカ

岩波新書より

現代世界

トランプのアメリカに住む　吉見俊哉
ライシテから読む現代フランス　伊達聖伸
ベルルスコーニの時代　村上信一郎
イスラーム主義　末近浩太
ルポ 不法移民 アメリカ国境を越えた男たち　田中研之輔
習近平の中国 百年の夢と現実　林望
日中漂流　毛里和子
中国のフロンティア　川島真
シリア情勢　青山弘之
ルポ トランプ王国　金成隆一
ルポ 難民追跡 バルカンルートを行く　坂口裕彦
アメリカ政治の壁　渡辺将人
プーチンとG8の終焉　佐藤親賢
香港 中国と向き合う自由都市　倉田徹・張イクマン
〈文化〉を捉え直す　渡辺靖
イスラーム圏で働く　桜井啓子編
中南海 知られざる中国の中枢　稲垣清
フォト・ドキュメンタリー 人間の尊厳　林典子
㈱貧困大国アメリカ　堤未果
女たちの韓流　山下英愛
新・現代アフリカ入門　勝俣誠
中国の市民社会　李妍焱
勝てないアメリカ　大治朋子
ブラジル 跳躍の軌跡　堀坂浩太郎
非アメリカを生きる　室謙二
ネット大国中国　遠藤誉
中国は、いま　国分良成編
ジプシーを訪ねて　関口義人
中国エネルギー事情　郭四志
アメリカン・デモクラシーの逆説　渡辺靖
ユーラシア胎動　堀江則雄
オバマ演説集　三浦俊章編訳
ルポ 貧困大国アメリカⅡ　堤未果
オバマは何を変えるか　砂田一郎
イスラエル　臼杵陽
ネイティブ・アメリカン　鎌田遵
アフリカ・レポート　松本仁一
ヴェトナム新時代　坪井善明
イラクは食べる　酒井啓子
ルポ 貧困大国アメリカ　堤未果
エビと日本人Ⅱ　村井吉敬
北朝鮮は、いま　北朝鮮研究学会編 石坂浩一監訳
欧州連合 統治の論理とゆくえ　庄司克宏
バチカン　郷富佐子
国際連合 軌跡と展望　明石康
アメリカよ、美しく年をとれ　猿谷要
日中関係 戦後から新時代へ　毛里和子
いま平和とは　最上敏樹
「民族浄化」を裁く　多谷千香子
サウジアラビア　保坂修司
中国激流 13億のゆくえ　興梠一郎

岩波新書／最新刊から

1769 **平成経済 衰退の本質**
金子勝 著
百年に一度の危機の中で、この国が重ねてきた失敗とそのごまかしのカラクリとは。「終わりの始まり」の三〇年間をシビアに総括。

1770 シリーズ アメリカ合衆国史①
植民地から建国へ
19世紀初頭まで
和田光弘 著
一国史を超える豊かな視座から叙述する、最新の通史。第一巻は初期アメリカの歩みを、大西洋史や記憶史もふまえ叙述。

1774 **バブル経済事件の深層**
奥山俊宏
村山治 著
バブル崩壊が契機となって発生した数々の経済事件。新証言や新資料を発掘し、新たな視点からそれらの事件を再検証。深奥に迫る。

1775 **ゲーム理論入門の入門**
鎌田雄一郎 著
相手の出方をどう読むか。経済問題の分析だけでなく、ビジネスの戦略決定にも必須の基礎知識を、新進気鋭の理論家が解説する。

1776 **二度読んだ本を三度読む**
柳広司 著
若いころに読んだ名作は、やはり特別だった！ 作家が繰り返し読んだ本を読み直して改めて実感した読書の楽しさ。

1777 **平成時代**
吉見俊哉 著
平成の三〇年は「壮大な失敗」だった。「ポスト戦後社会」の先にあった空虚な現実を、経済、政治、社会、文化を貫いて総括する。

1778 **アメリカ人のみた日本の死刑**
D・T・ジョンソン 著
笹倉香奈 訳
秘密裏の執行、刑事司法における否定の文化、死刑制度を取り巻く政治社会文化をアメリカの死刑制度の失敗と比較し鋭く分析する。

1779 **マキァヴェッリ**
―『君主論』をよむ―
鹿子生浩輝 著
いまも愛読される古典『君主論』で、マキァヴェッリが本当に伝えたかったこととは何だったのか。歴史を生きた等身大の思想を描く。

(2019.6)